Schriftenreihe BALTISCHE SEMINARE

Bd. 3

Klassizismus im Baltikum

Schriftenreihe BALTISCHE SEMINARE
Herausgegeben von der
Carl-Schirren-Gesellschaft e. V.

Band 3

Als Deutsch-Baltisches Kulturwerk veranstaltet die Carl-Schirren-Gesellschaft seit 1989 Baltische Seminare in Lüneburg. Dabei werden geistes- und kulturgeschichtliche Themen behandelt mit besonderer Berücksichtigung der wechselseitigen Kulturbeziehungen zwischen Esten, Letten und Deutschbalten. Die Referenten sind Fachwissenschaftler aus Estland, Lettland und Deutschland.

Eine wesentliche Aufgabe der Baltischen Seminare besteht in der gegenseitigen Information. Als Symposien sollen sie über die nationalen Grenzen hinaus der Fachwissenschaft in Deutschland einen Überblick über den Forschungsstand der baltischen Länder verschaffen. Ebenso wichtig ist die bei dieser Gelegenheit zu vermittelnde Information für estnische und lettische Wissenschaftler hinsichtlich neuester Forschungsarbeiten aus ihrem Fachgebiet in Deutschland.

Mit der Herausgabe der Schriftenreihe BALTISCHE SEMINARE will die Carl-Schirren-Gesellschaft eine wissenschaftlich interessierte und allgemeine Öffentlichkeit erreichen.

Prof. Dr. Michael Garleff
Vorsitzender

KLASSIZISMUS IM BALTIKUM

Neun Beiträge zum

5. Baltischen Seminar 1993

Herausgegeben von

Günter Krüger †

Verlag Carl-Schirren-Gesellschaft

Lüneburg 2008

Die Deutsche Bibliothek – CIP Einheitsaufnahme

Klassizismus im Baltikum:
Neun Beiträge zum 5. Baltischen Seminar 1993
hrsg. von Günter Krüger †
Lüneburg: Carl-Schirren-Gesellschaft 2008
Baltische Seminare: 3
ISBN-13: 978-3-923149-37-7

Gedruckt mit Unterstützung der
Karl Ernst von Baer-Stiftung

Layout und Bildbearbeitung: Hans-Gerhard Körner

Umschlagsentwurf: Ilmar Anvelt

Copyright 2008 by
Schriftenvertrieb Carl-Schirren-Gesellschaft e.V.
Lüneburg 2008

Herstellung: Books on Demand GmbH, Norderstedt

ISBN-13: 978-3-923149-37-7

Inhaltsverzeichnis

GÜNTER KRÜGER †   7
Die bildende Kunst zur Zeit des Klassizismus
im Baltikum

GÜNTER KRÜGER †   13
Der Kurländische Herzogshof und Berlin

IMANTS LANCMANIS   29
Klassizismus in der Architektur Mitaus

OJĀRS SPĀRĪTIS   53
Klassizismus in der Sakralbaukunst Livlands

ANTS HEIN   105
Der Klassizismus in der Gutshofarchitektur Estlands

DAINIS BRUĢIS   127
Die Herrenhäuser des Neoklassizismus in Lettland
und ihre stilistischen Wurzeln in der Baukunst von
Kurland und Livland

DIETER DOLGNER   161
Ludwig Bohnstedt in Riga

GÜNTER KRÜGER †   183
Karl Gotthard Graß

JUTA KEEVALLIK 197
Widerspiegelungen der Idee des Klassizismus in
den Schriften über die bildende Kunst in Estland
im 19. Jahrhundert

Personenregister 211

Ortsregister 219

Autorenverzeichnis 231

- ** -

Die Veröffentlichung des vorliegenden Bandes hat der Herausgeber Günter Krüger noch weitgehend selbst vorbereiten können, bevor er am 5. Juni 2003 fast 85-jährig in Berlin verstorben ist. Die Schlussredaktion des Bandes wurde daher von Prof. Dr. Michael Garleff, Hans-Gerhard Körner und Wolf-Paul Wulffius vorgenommen.
Nachrufe auf Dr. Günter Krüger (* 18. Juli 1918) finden sich aus der Feder der Kunsthistoriker
  Giesela Reineking-von Bock in den Baltischen Briefen 56 (2003), Nr. 7/8, S. 13, sowie
  Olof Larsson in der Zeitschrift des Deutschen Vereins für Kunstwissenschaft 58 (2004), S. 255-256.

DIE BILDENDE KUNST
ZUR ZEIT DES KLASSIZISMUS
IM BALTIKUM

Günter Krüger

Im Laufe des 18. Jahrhunderts endet eine Zeitspanne, deren Glaubensinhalte aus dem frühen Mittelalter stammten und im Barock nochmals einen Höhepunkt erlebten. Die Französische Revolution schuf die politischen und geistigen Voraussetzungen, die eine Epoche begrifflich abstrakten Denkens einleitete, deren individualistische Anfänge schon mit der Renaissance in Italien einsetzten und sich über ganz Europa ausbreiteten. Der Protestantismus trug innerhalb dieses Werdens zu Eigenentwicklungen von Nord und Süd in Deutschland und den angrenzenden osteuropäischen Kulturgebieten bei.

1675 schrieb Joachim von Sandrart in seiner „Teutschen Akademie":

> *„Hin Jugend, geh zur Schule.*
> *Und mit der Muse buhle,*
> *Die sich Antike nennt:*
> *Was Neues man erfindet,*
> *Sich in dem Alten gründet,*
> *Die Kunst man so erkennt."*

Georg Friedrich Wilhelm Hegel äußerte im zweiten Teil seiner Vorlesungen über Ästhetik: „Dem Künstler ..., dessen Genie für sich von der früheren Beschränkung auf eine bestimmte Kunstform befreit ist, steht jetzt jede Form wie jeder Stoff zu Dienst und zu Gebot."

Diese beiden Äußerungen von Sandrart und Hegel deuten auf die Darstellung der Kunstgegenstände, die in ihrer neuen Freiheit auch zeitloser Kunstregeln bedurften. Und dafür dienten die Kunstakademien. Schon 1519 schlossen sich die römischen Künstler zu der Akademie St. Lukas zusammen, 1648 entstand die französische Akademie der Künste, 1696 folgte die Preußische, 1757 die Akademie der drei erhabensten Künste in St. Petersburg, 1764 die Dresdner, 1768 London, 1769 Düsseldorf und Mannheim, 1770 München und 1773 Wien, 1775 wurden an der neugegründeten Academia Petrina in Mitau Zeichenlehrer eingesetzt, und 1803 beginnt die Zeichenschule an der Universität Dorpat ihre Tätigkeit.

Als sich etwa ab der Mitte des 18. Jahrhunderts nach dem Nordischen Krieg die Verhältnisse in den Ostseeprovinzen wieder zu ordnen begannen, blieb auch unter der russischen Herrschaft zunächst der Zuzug deutscher Gelehrter und Künstler erhalten. So rühmte Herder, der von 1764-1769 in Riga als Prediger wirkte, die Sitten und deutsche Bildung im bürgerlichen Leben der Stadt.

Es ist also natürlich, dass der Klassizismus in den baltischen Provinzen vornehmlich in der Baukunst neben den heimischen Baumeistern von solchen aus St. Petersburg und Deutschland geprägt wurde, wobei für St. Petersburg außer dem französischen und italienischen auch ein starker deutscher Einfluss in Betracht gezogen werden muss.

In Kurland, das glimpflicher aus den Kriegsereignissen hervorgegangen war, hielten die Herzöge die künstlerischen Verbindungen zu Deutschland aufrecht. So arbeitete an dem von Rastrelli erbauten Ruhenthal der Berliner Stuckateur Graff, der wohl bei Hoppenhaupt an den preußischen Schlossbauten gelernt hat. Am Schloss Elley des Grafen Medem, der eine Zeit als Flügeladjutant des preußischen Königs Friedrich Wilhelm II. in Berlin gedient hatte, wirkte nach einem ersten Entwurf des in St. Petersburg tätigen Giacomo Quarenghi der aus Jena stammende Georg Adam Berlitz. Auch von Schinkel gab es einen Entwurf. Dieser 1915 zerstörte Schlossbau mit dem sechssäuligen Portikus wurde zum Vorbild der kurländischen Herrenhausarchitektur. Als weiteres Beispiel sei Katzdangen genannt.

In Riga kann das im letzten Krieg zerstörte Rathaus des Holsteiners Friedrich von Oettinger als ein Vorspiel zum Klassizismus angesehen werden, dessen Frühform Christoph Haberland (Kirche in Walk) vertrat. Nach dem letzten großen Brand im Kriege 1812 begann mit den Architekten Johann Daniel Gottfriedt aus Hamburg, Mitarbeiter Haberlands, und Christian Friedrich Breitkreuz der Wiederaufbau.

Um diese Zeit wurden eine Reihe altersschwacher Holzkirchen durch Steinbauten ersetzt, die zumeist einschiffig waren. Als herausragendes Beispiel sei die im spätrussischen Klassizismus errichtete St. Nikolaikirche von Johann Eduard de Witte in Windau genannt.

Einen biedermeierhaften Klassizismus entwickelte der dänische Architekt Severin Jensen (Schloss Friedrichslust, Academia Petrina in Mitau).

In Estland setzte sich der Einfluss der fest vorgeschriebenen russischen Architekturform durch. Zaklowsky gestaltete unter Anregung des in St. Petersburg tätigen Jean Rudolphe Perronnet die im letzten Krieg zerstörte Steinerne Brücke über den Embach in Dorpat. Der ortsansässige J. Walter errichtete nach dem großen Brand 1775 das Dorpater Rathaus. Johann Wilhelm Krause aus Dittmannsdorf bei Schweidnitz war in Dorpat der hervorragendste Vertreter des alexandrinischen Klassizismus (Universität).

Für Skulpturen gab es um diese Zeit nur wenige Aufträge, einzig für Porträts, Grabdenkmäler und Ehrenmale. Im Dom zu Reval findet man das Grabmal des Admirals Greigh von Ivan Martos und das des Grafen Tiesenhausen von Demut Malinovsky, der auch die Bronzebüste des Feldmarschalls Barclay de Tolly in Dorpat schuf.

Der in St. Petersburg und Moskau tätige Italiener Paolo Triscorni gestaltete das Grabmal der Fürstin Charlotte von Lieven in Mesothen. Durch Vermittlung August von Kotzebue's fertigte Gottfried Schadow das Denkmal für Friedrich Georg von Lieven, der in Leipzig zusammen mit Goethe private Zeichenstunden bei Oeser empfangen hatte. Von Schadow stammen ferner das Grabmal der Marie Elisabeth von Lieven in Lieversbergen, die Marmorbüste des kurländischen Hofmarschalls Christian von Offenberg und die von seinem Gehilfen Hagemohn ausgeführte Grabmalsurne für Christian von Ruhendorf auf dem Johannisfriedhof in Riga, die für weitere ähnliche Arbeiten vorbildlich wurde. Von Peter Clodt von Jürgensburg gab es Darstellungen mit Pferden und Eduard Schmidt von der Launitz, ein Schüler Thorwaldsens in Rom, schuf die nicht mehr erhaltenen Werke eines Bronzereliefs in der Kirche zu Grobin und die Marmorstatue der Herzogin Dorothea von Kurland.

In der Malerei dominierten wandernde Künstler. Johann Heinrich Baumann erlernte in Erfurt die Tiermalerei und widmete sich nach seiner Rückkehr der Porträtmalerei und der Jagd. Samuel Benedikt Grunde kam um 1800 aus Eisleben und schuf Altarbilder, aber auch Phantasiedarstellungen. Der Görlitzer Johann Christoph Brotze schuf die Sammlung livländischer Monumente, Johannes Hau aus Flensburg begann mit der Vedutenmalerei, Friedrich Christian Buddeus hielt in zahlreichen Naturstudien die Umgebung Revals fest, Karl Minkeldé gestaltete Landschaften in Kurland und Semgallen, Karl von Ungern-Sternberg zeichnete und lithographierte auf seinen Reisen durch das ganze Land, vor allem überlieferte er in einer Lithographienserie die Bildnisse der Dorpater Professoren. Der Dresdner Traugott Fechhelm malte das Stadtbild von Riga.

Die Maler der Generation der 70er Jahre des 18. Jahrhunderts verbanden den Klassizismus bereits mit romantischen Anklängen. Bezeichnend für diese Gruppe ist Karl Gotthard Grass. Er war mit Schiller befreundet, reiste mit Schinkel in Italien, verkehrte in Rom mit Wilhelm von Humboldt. Aus Bacharach kamen die Brüder Karl und Gerhard von Kügelgen, von denen der eine als Porträtist und Historienmaler, der andere als Landschafter Bedeutung erlangte. Mit ihnen begann ein biedermeierhafter Lebensstil, der von Gottlob Sauerweid und Gotthilf Bosse fortgesetzt wurde.

Die Generation der 90er Jahre mit Otto Ignatius, Gustav Hippius, August Pezold und Johann Eggink ging über St. Petersburgs Akademie und Wien nach Rom. Hier schloss sich Ignatius den Nazarenern an, Hippius malte Biedermeierbildnisse und Pezold widmete sich wieder in der Heimat estnischen Volkstypen, während Eggink durch Porträts und Historienbilder hervortrat.

Inzwischen war 1775 in der kurländischen Residenz Mitau die Academia Petrina als eine höhere Bildungsstätte gegründet worden, an der Künstler als Zeichenlehrer wirkten. Samuel Gottlieb Kütner hatte bei dem Kupferstecher Bause in Leipzig studiert. Der Württemberger Dominikus Oechs kam aus der Lehre Klengels in Dresden. Ernst Schabert errichtete eine Werkstatt für Lithographie und brachte den Kurländischen Bildersaal, eine Bildnissammlung, heraus.

Nachdem Zar Paul I. von Russland aus Furcht vor den neuen revolutionären Ideen seinen Untertanen 1798 das Studium im Ausland verboten und die Gründung einer baltischen Universität in Mitau genehmigt hatte, sollte Kütner die Zeichenlehrerstelle der Universität erhalten. Als diese 1802 wieder nach Dorpat, dem Gründungsort der Academia Gustaviana von 1632, verlegt wurde, verzichtete Kütner, und Karl August Senff, der bei Bause, Anton Graff und Leberecht Vogel gelernt hatte, wurde an die Zeichenschule berufen und mit deren Leitung betraut. Zu den aus der Dorpater Zeichenschule hervorgegangenen Künstlern gehören folgende Senff-Schüler: Gotthilf Bosse, Alexander Heubel, Eggink, Aleksander Hripkov, der Dichter Joukovsky, August Philipp Klara, Klünder, Andreas Löwis of Menar, Ludwig von Maydell, der von den Nazarenern in Rom beeinflusst wurde, August Wilhelm Pezold, Gerhard von Reutern, der mit Joukovsky und Goethe befreundet war, Schabert und Schlichting. Auch die beiden Nachfolger Senffs, August Mathias Hagen und Woldemar Friedrich Krüger, sind aus seiner Schule hervorgegangen.

DER KURLÄNDISCHE HERZOGSHOF UND BERLIN

Günter Krüger

In seiner Geschichte der Königlich Preußischen Akademie der Wissenschaften zu Berlin betrachtete Adolf Harnack das geistige Leben des 18. Jahrhunderts als einen Klassizismus fortwirkender, lebendiger Tradition, jedoch in beschränkten und vorgeschriebenen Formen.[1] Diese seien teils französisch gefärbt, teils von deutscher Schulgestalt bestimmt. Umfangreiche Kenntnisse bildeten das Unterscheidungsmerkmal eines hervorragenden Kopfes von dem gewöhnlichen Geschmack, Grazie, besondere Rhetorik und die dazu gehörige Moral bildeten das Kennzeichen. In der Wissenschaft herrschten Vernunft und Verstand vor.

In diese Welt platzte Jean-Jacques Rousseau. Seine Forderungen nach naturnaher Erziehung und undogmatischer Gefühlsfrömmigkeit im „Emil" und nach freiwilliger Vereinigung von Einzelwillen zu einem Gesamtwillen als Grundlage eines Staates im „Gesellschaftsvertrag" führten zur Lehre der vom Volke ausgehenden Souveränität.

In Deutschland entwickelten Herder, Kant, Goethe, Schiller und Wilhelm von Humboldt Ideen, die sich mit diesen Strömungen in gewissem Sinne in Einklang bringen ließen. Jedoch ergibt dieses Zusammenwirken, dass der Klassizismus nicht allein eine Wiedererweckung der Antike ist, sondern die Grundlage für die Entwicklung eines neuen Weltbildes darstellte. Dabei spielte die deutsche Wissenschaft eine wichtige Rolle.

Dieser Umschwung im geistigen Leben betrifft auch das Baltenland. Die Söhne der gebildeten Oberschicht und des

---

[1] Adolf von Harnack, Geschichte der Königlich Preußischen Akademie der Wissenschaften zu Berlin. Berlin 1900.

Adels gingen naturgemäß meist zum Studium in das Mutterland Deutschland. Außerdem bestand die Pastorenschaft zu einem großen Teil aus deutschen Einwanderern. Hinzu kamen die zahlreich in das Land geholten Erzieher, die sogenannten Hofmeister und Hauslehrer. Es seien hier nur einige Namen genannt:

Johann Wilhelm Krause, Hauslehrer beim Grafen Mellin, wurde Professor in Dorpat, Georg Friedrich Parrot, der von der Karlsschule Stuttgart kam, die schon Schiller unter Protest verlassen hatte, wurde erster Rektor an der Dorpater Universität, Konrad Friedrich Gadebusch, ein Hamburger Predigersohn, der als Hauslehrer nach Dorpat kam, wurde Bürgermeister der Stadt und der Görlitzer Johann Christoph Brotze stieg vom Hauslehrer zu dem einzigartigen Verfasser und Zeichner der mehrbändigen Sammlung livländischer Monumente auf.

Als 1792 der hoch geachtete Kaufherr Peter Heinrich von Blankenhagen in Riga das Kapital für eine livländische gemeinnützige Sozietät stiftete, forderte Friedrich von Sievers Parrot auf, deren Ziele und Zwecke auszuarbeiten. Der sah als Pflicht der adligen Herrenschicht das wirtschaftliche Wohl des Landes, die Aufklärung, Bildung und Seelenkultur des Landvolkes an. Er schrieb: „Der Wohlstand des Erbherrn läuft schlechterdings mit dem Wohl des Bauern vollkommen parallel".[2] Sein Schwager Johann Wilhelm Krause erkannte die Schwierigkeiten, die diesen Zielen noch entgegenstanden und schrieb: „Das Fundament, der Bauer und sein Verhältnis, der Mangel an Kenntnis und Kapital, stand auf schlechten Füßen. Gewohnheit, Luxus der gebildeten Stände behaupteten ihren gewohnten Gang. Viele der großen Gutsbesitzer hatten das Ausland gesehen, aber auch wohl nur gesehen. Man sprach und

---

[2] Friedrich Bienemann, Der Dorpater Professor Georg Friedrich Parrot und Kaiser Alexander I., Reval 1902, S. 62.

las viel tat wenig und auch dieses ohne genauen Überschlag."[3]
Nachdem Zar Paul I. alle in Deutschland studierenden Untertanen zurückbefohlen hatte, zu denen ja auch die Balten gehörten, wuchs der Gedanke an die Schaffung einer eigenen Landeshochschule. Dafür taten sich Mitglieder der Ritterschaften, die aus Deutschland Zugewanderten, die sich in Riga hervortaten, und Männer der Kirche, wie Christoph David Lenz, der Generalsuperintendent von Livland und Vater des Sturm- und Drang-Dichters Jakob Michael Reinhold Lenz zusammen. In diesem Kreise bildete Parrot einen geistigen Mittelpunkt. In den Beratungen der Ritterschaften von Kurland, Estland und Livland setzten die Kurländer mit Karl Graf Medem, vor allem durch den Einsatz des Grafen v. d. Pahlen, Mitau als Sitz der baltischen Universität durch.

Über die kulturelle Rolle, die Mitau damals spielte, berichtete Ulrich Heinrich Freiherr von Schlippenbach in seinen 1809 erschienenen „Malerischen Wanderungen durch Kurland".[4] Er gehörte mit zu den kurländischen Delegierten bei den Beratungen über die Universität[4]. Da über die Bautätigkeit in Kurland in letzter Zeit Herr Lancmanis verdienstvoll gearbeitet hat, möchte ich nur in Auszügen angeben, was Schlippenbach über die privaten Kunstsammlungen angibt:

„Die erste besitzt Herr Kollegienassessor von Berner, in dessen Hause überhaupt alle Musen eine freundliche Aufnahme finden, und dessen fein gebildeter Geschmack für alles Schöne und Gute selbst unter den wichtigsten Geschäften nicht verloren ging, indem er von jeher Künste und Wissenschaften in dem angenehmen Kreise seines Umganges versammelte.

---

[3] Roderich von Engelhardt, Die deutsche Universität Dorpat in ihrer geistesgeschichtlichen Bedeutung, Reval 1933, S. 31/32.
[4] Ulrich Freyherr von Schlippenbach, Malerische Wanderungen durch Kurland. Riga und Leipzig 1889, S. 424/427 (Kunstsammlung von Berner), S. 428/429 (Sammlung von Offenburg). Aus beiden Sammlungen ist hier nur eine Auswahl aufgeführt worden.

Aus der Bernerschen Gemäldesammlung nenne ich, als vorzüglich, folgende Stücke: „Ein alter Kopf von Gerbrand van den Eckhout. Ganz in der Manier seines großen Lehrers Rembrand, und vom höchsten Effekt.

Zwey Chorknabenköpfe; aus Correggios Schule. Ein Bild voll hoher Schönheit und eine wahre Zierde der Sammlung. Vermuthlich ist es aus einem größeren Gemälde ausgeschnitten.
Eine niederländische Familie, welche zusieht, wie die Tochter des Hauses im Tanzen Unterricht erhält; von Peter Codde.
Ein Frauenzimmer am Klavier, daneben der Vater, der zuhört; von Franz Mieris. Ein allerliebstes kleines Stück.
Eine Bauernschenke; von Tenniers, und als Pendant
Eine Faschingsscene; von demselben.
Ein alter Mann, und als Pendant
Eine alte Frau; beyde von Anton Pesne.
Halbe Figur; mit sprechender Wahrheit gemalt.
Ein Alchymist in seinem Laboratorio; von Ostade."

Unter den verschiedenen Kunstschätzen im Hause des Herrn wirklichen Etatsrath von Offenberg, bemerke ich als vorzüglich zwey antike Marmorbüsten. Auch die Marmorbüste des Vaters des Herrn Beisitzers, von Schadow, verdient Erwähnung, und ist schön ausgeführt. Von Gemälden sind folgende die merkwürdigsten und schönsten:

Die priesterliche Zusammengebung Josephs und Mariens, von Lukas Cranach 1460 gemalt. Ein höchst seltenes Stück; die Farben sind so frisch und lebendig, als wäre das Gemälde eben erst vollendet.
Eine Madonna mit dem Kinde; Lebensgröße, von Morillio. Die richtigste Zeichnung, ein markiger Pinsel und die herrlichste

Vertheilung von Schatten und Licht zeichnen dies Gemälde besonders aus.

Portrait der Herzogin Dorothea von Kurland, von Angelika Kaufmann, vortreflich gemalt, aber wenig getroffen.

Eine kleine Landschaft mit Rainen; enkaustisch gemalt von Philipp Hackert. Gewiß etwas sehr seltenes in bisherigen Gegenden.

Außer diesen und anderen Gemälden besitzt der Herr Etatsrath mehrere vortrefliche Zeichnungen; z.B. acht große mit Sepia gearbeitete Landschaften von Philipp Hackert; zwölf farbige Landschaften von Birmann und vier von Kneipp; so wie noch andre Handzeichnungen von Angelika Kaufmann."

Eine besondere Rolle im Kulturleben Kurlands spielt die Familie von Medem. Karl von Medem lebte auf Gut Alt-Autz und Jeannot von Medem in dem Besitz Elley. Ihre Schwester Anna Charlotte Dorothea wurde 1778 die Gemahlin des Herzogs Peter von Kurland. Jeannot, der 1763 in Mesothen geboren wurde, absolvierte die Academia Petrina in Mitau, kam dann in das Garde-Korps des preußischen Königs Friedrich Wilhelm II., wurde Flügeladjutant des Königs und vertrat in Berlin die Angelegenheiten des kurländischen Herzogpaares. So hatte er die Aufsicht über den Umbau und die Neueinrichtung von Schloss Sagan, denn Herzog Peter Biron hatte am 29. März 1786 die Herrschaft Sagan aus dem Besitz derer von Lobkowitz erworben. Er und seine Tochter Dorothea, Herzogin von Talleyrand-Perigord - sie hatte den Neffen des französischen Außenministers geheiratet,- gaben dem Schloss und seiner Umgebung das Gepräge.

1785 besuchte Herzog Peter mit seiner Gemahlin Dorothea von Januar bis zum Sommer Italien. Heinrich von Offenberg war beider Reisemarschall. Aus seinem Tagebuch geht hervor, dass der Herzog in Rom und Neapel mehrfach Philipp Hackert begegnete und von ihm Bilder kaufte. Auch Angelika Kauffmann und Pompeo Batoni versah er mit Aufträgen. Noch während des Italienaufenthaltes erwarb der Herzog am 21. Juni Schloss Friedrichsfelde bei Berlin.

In seiner Beschreibung der Königlichen Residenzstädte Berlin und Potsdam beschreibt Friedrich Nicolai die Lage des Schlosses:[5]

„Friedrichsfelde, ein Dorf, wo ein schönes Lustschloß befindlich ist. Es liegt eine kleine Meile von Berlin vor dem Frankfurterthore; und man kommt dahin durch eine schöne vierfache von Markgraf Albrecht Friedrich gepflanzte Allee, die noch innerhalb der Stadt anfängt.

Im J. 1785 kaufte Se. Durchl. der regierende Herzog von Kurland dieses Lustschloß, und hat darinn bereits wichtige und geschmackvolle Veränderungen vorgenommen; durch welche das Schloß und der Garten in kurzem zu den schönsten um Berlin gehören werden. Einige der vorzüglichen Zimmer will ich näher anzeigen:

Im Erdgeschoß ist der im chinesischen Geschmack marmorierte Entreesaal unverändert geblieben. Alle anderen Zimmer unten haben vortrefliche seidene Tapeten aus der Bernhardschen Manufaktur zu Berlin erhalten. Im Zimmer rechts vom chinesischen Saal hängt eine große und drey kleine Landschaften von Philipp Hackert in Rom; und zwey Landschaften von Wuest in Zürich. An der Wand den Fenstern gegenüber steht ein schönes lakirtes mit Bronze verziertes Bureau, welches, so wie die gegenüberstehende Kommode, von Berliner Arbeit ist. Ein Zimmer ist mit roth und weißem Damast tapeziert. Hier hängen 5 Gemälde von der berühmten Angelika Kauffmann: das herrlich gemalte Bildniß der Herzoginn von

---

[5] Friedrich Nicolai, Beschreibung der Königlichen Residenzstädte Berlin und Potsdam. 3.Aufl. Bd. 3, Berlin 1786, S. 1054, 1055/57, 1058.

Kurland; das Bildniß deren ältesten Prinzessin Tochter; eine Ceres; eine Bachantin; und ein großes historisches Stück, wie der junge Servius Tullius im Pallast des Tarquins schläft, indem eine Flamme über seinem Haupte schwebt. Eine Sklavin will diese Flamme auslöschen; der König und die Königin treten herein, und verhindern die Störung dieser großen Vorbedeutung; eine andre Sklavin, die man für seine Mutter hält, ist auch zugegen.

Der Herzog von Kurland hat mit Angelika Kaufmann und Phil. Hackert einen Akkord geschlossen, daß jeder Ihm jährlich ein Bild zu liefern hat; hierdurch wird Seine Sammlung gewiß mit der Zeit zu einer der schätzbarsten werden. Von Angelika werden in kurzem noch 4 historische Gemälde erwartet, wovon zwey aus Telemachs Geschichte genommen sind; im gleichen zwey Landschaften von Hackert, welche Gegenden um Rom vorstellen.

Das Studierzimmer der Herzoginn, grün und Gold. Hier sind: ein Bildniß fast Lebensgröße von Ang. Kauffmann; eine Madonna, Kopie nach van Dyck in der Kurfürstl. Gallerie zu München; Bildniß der Gräfinn Moritz von Brühl, von Seidelmann zu Dresden in getuschter Manier; und verschiedene mit Farben gedruckte Kupferstiche, nach der von Dagoty erfundenen Manier, welche von seinen Erben in Florenz verfertiget werden. Das Schlafzimmer, mit grünem Atlas tapeziert. Ein großer Nachttisch von Berliner Porzellan, mit mythologischen Geschichten in Tusch gemalt. Ueber einer Thüre hängt die Nachbildung der berühmten Madonna della Sedia in der Gallerie des Pallastes Pitti zu Florenz, in Hautelisse. Im zweyten Geschosse tritt man zuerst in den großen Tanzsaal, mit schöner Stukkaturarbeit mit korinthischen freystehenden Säulen und Architektur. Zwischen den Hauptpfeilern der mittelsten Fenster, stehen die vom Herzog aus Rom hieher gebrachte antike weiß marmorne Büsten von Antonin und Hadrian, und gegen über Bittellius und Salba. Der ganze Saal ist im edelsten schönsten Geschmack, von ungemeiner Symmetrie und Proportion. Den 5 Fenstern nach der Gartenseite gegenüber sind, ausser der Haupteingangsthüre, 4 große Spiegelfenster, wovon zwey zu Eingängen in Nebenzimmer dienen. Ueber den drey Thüren stehen 3 Basreliefe mit Bachanalien. In den zwey an den Saal stehenden Zimmern sind zwey von Rode sehr schön modellierte Oefen: die Flora, und Ceres vorstellend; und sie stehen so, daß bey geöfneten Thüren, beide Statuen mit zum Saal zu gehören scheinen. Statt der Stühle oder Bänke sind antike Sarkophagen hier."

Nach der Beschreibung einiger weiterer Räume betritt Nicolai die Bildergalerie:

„Hier sind schon Gemälde von großem Wert; unter andern: eine Venus von Palma dem ältern, 6 Gemälde von Amiconi, eine Menge schöner Stücke von unbekannten Meistern aus verschiedenen Schulen, eine Vestalinn von Darbes, zwey Gegenden um Rom von Dies, 2 Bildnisse von van Dyck, La Charite aus der italiänischen Schule u.f.m. Vorzüglich ist die Absicht, eine Sammlung von Gemälden jetztlebender Künstler zu machen; daher sind hier eine Menge vortreflicher Kopien von den besten Gemälden im Kapitol in der Galleria Borghese, und andern Gemäldesammlungen Italiens, z.B. eine Kopie von Riedel nach Salvator Rosa aus der Gallerie Colonna in Rom; die Fortuna nach Guido aus dem Kapitol; zwey Amors nach Schidone im Castellodi montse, ein Bachanal, verschiedene Sibillen. Eine Menge Gemälde werden noch aus Italien erwartet, woselbst für den Herzog verschiedene Künstler an Kopirung der vorzüglichsten Gemälde arbeiten. Neben dieser Gallerie ist ein kleines Speisezimmer, im Arabesken Geschmacke gemalt."

Theodor Fontane ergänzt diesen zeitgenössischen Bericht im vierten Band seiner „Wanderungen durch die Mark Brandenburg". Er schreibt über das Jahr 1793:[6]

---

[6] Theodor Fontane, Wanderungen durch die Mark Brandenburg. Vierter Teil, Insel-Taschenbuch 1184, 1989, S. 153/154.

„Im April dieses Jahres trat die Herzogin ihre Reise nach Berlin an; die Dinge in Kurland hatten bereits einen solchen Charakter angenommen, daß es gut war, einen Zufluchtsort zu haben ... In stiller Zurückgezogenheit lebte sie in Friedrichsfelde, wo sie den 21. August 1793 ihren Gemahl mit einer Tochter beschenkte, die den Namen Dorothea erhielt. ...

In Kurland rückte inzwischen das Ende der herzoglichen Herrschaft immer näher.

Die Herzogin verblieb in Berlin und Friedrichsfelde bis in das nächste Jahr hinein; dann ging sie nach Leipzig, wo sie sich noch stiller einrichtete als in Berlin, 1795 nach Sagan, an welchem Orte sie mit ihrem Gemahl zusammentraf ... Kurland war inzwischen eine russische Provinz geworden; der Herzog hatte resigniert."

Was aus dem Kunstbesitz in Friedrichsfelde geworden ist, lässt sich heute nicht mehr nachweisen. Es gibt lediglich noch eine Nachricht, dass im März 1811 in Berlin 121 Bilder aus dem Besitz der Herzogin von Kurland versteigert wurden.

Bemerkenswert dürfte eine Bemerkung Schadows sein, die er in seiner Schrift „Kunstwerke und Kunstansichten" beim Jahr 1808 einfügte. Er schreibt, „daß für Sammler noch nichts vorhanden war von lebenden Malern, es wäre denn als Ausnahme anzuführen, dass der Herzog von Kurland in Friedrichsfelde eine Anzahl von Landschaften von Philipp Hackert in Rom besaß".[7]

Im Jahre 1805 kaufte die damals bereits verwitwete Herzogin Dorothea von Kurland das Palais Unter den Linden Nr. 7. Es gehörte ehemals der Prinzessin Amalie, der jüngsten Schwester Friedrichs des Großen, die nach Nicolai neben einer Sammlung von Musikalien in dem Palais eine ansehnliche Bib-

---

[7] Johann Gottfried Schadow, Kunstwerke und Kunstansichten. Bd. I, hrsg. von Götz Eckardt. Berlin 1987, S. 82.

liothek „der besten französischen, italienischen, englischen und deutschen, in die schönen Wissenschaften und Künste einschlagenden Bücher, viele große und seltene Kupferwerke nebst einer auserlesenen Sammlung französischer und englischer Kupferstiche" beherbergte. Dazu kamen Gemälde von Antoine Pesne und Anton Graff. Unter der gastfreien und kunstsinnigen Herzogin Dorothea wurde das „Kurländische Palais", wie man es damals nannte, zu einem der geselligen Mittelpunkte Berlins. Hohe Beamte, Militärs, Mitglieder des Hofes und der Hofgesellschaft, vor allem aber Künstler und Wissenschaftler verkehrten bei ihr.

Dazu gehörte Gustav Parthey, der die Nicolaische Buchhandlung leitete. Er war der Sohn jenes Daniel Friedrich Parthey, der 1774 in Mitau als Musik- und Hauslehrer beim Grafen Medem schon die junge Dorothea unterrichtet hatte. So ergab sich eine familiäre Bindung zu den Partheys und auch zu den Nicolais, denn Vater Parthey war seit 1797 mit der ältesten Tochter Friedrich Nicolais verheiratet. Allein diese Beziehungen bestimmten zu einem großen Teil den Umgang im Hause der Herzogin Dorothea, an dem auch ihre Stiefschwester Elisabeth von der Recke erheblichen Anteil hatte. Diese lebte seit 1776 von ihrem Ehegatten getrennt, bis 1781 die endgültige Scheidung erfolgte. Seit 1795 hielt sie sich zumeist in Berlin, Leipzig, Dresden, Löbichau und auch in Karlsbad auf. Seit 1803 hatte sie eine ständige Gemeinschaft mit dem Dichter Christoph August Tiedge gefunden. Beide unternahmen 1804-1806 eine Italienreise, über die sie ausführlich in ihrem Tagebuch berichtete, das der Maria Pawlowna, Großherzogin von Sachsen-Weimar, gewidmet war.[8]

---

[8] Elisa von der Recke, geb. Reichsgräfin von Medem, Tagebuch einer Reise durch einen Teil Deutschlands und durch Italien in den Jahren 1804 bis 1806. hrsg.von Hofrath Böttiger, Berlin 1815. Zu Canova vgl. S. 102, Angelika Kaufmann S. 396, Schick S. 402/403, Joseph Anton Koch S. 403.

Hören wir daraus etwas zu Begegnungen mit einzelnen hervorragenden Künstlern:

„Zum Leben sind wir berufen. Erweiterte, erhöhete und immer tiefer dringende Bewußtseynsfähigkeit ist das entfernte Ziel unseres besseren Strebens, unseres Fortschrittes im Guten. In jedes Menschen Brust wohnt die Stimme seines wahren Berufes.

In solche Betrachtungen war ich vertieft, als Canova zu mir herein trat. Seinem Umgange verdanke ich Stunden, die für mein Gemüth eben so unvergeßlich sind, als sie lehrreich waren für meinen Geist. In ihm ist der edle, fromme Mensch, mit dem großen Künstler auf das innigste vereint."

„Unter den Künstlern und Künstlerinnen der Geschichtmalerei verdient wohl Angelika Kaufmann, eine deutsche Tyrolerin, zuerst genannt zu werden. Seit mehr denn einem Vierteljahrhundert schmücken ihre Werke die vorzüglichsten Gemäldesammlungen in Europa; und jetzt noch, trotz ihrer körperlichen Hinfälligkeit, athmet ihr Geist ein blühendes Leben. Wahrlich es gewährt ein erhebendes Gefühl, in einem unter der Last der Jahre und dem Druck der Kränklichkeit gebeugten Körper einen liebenswürdigen, anmuthigen Geist zu finden. Ein hoher Grad errungener Menschenwürde offenbart sich in einer solchen Erscheinung und wirkt tröstend und auffordernd auf andere zurück. Daher kommt es unstreitig, daß die edle Angelika sogleich bei der ersten Bekanntschaft die Herzen für sich einzunehmen weiß. - Ihre Wohnzimmer sind geschmackvoll geordnet, mit künstlerischem Sinn und Zweck. Unter Gemälden treflicher Meister, lächelt freundlich ihr eigenes Bildniß, von ihr selbst gemalt, in der schönsten Jugendblüthe hervor."

„Schick, ein junger Wirtemberger, von ganz vorzüglichen Anlagen, zeigt in seinen Portraitstücken, was er dereinst in idealischen Kunstwerken zu leisten im Stande seyn wird. Diese

Bildnisse sind schon gewissermaßen historische Darstellungen, so klar sprechen sie das Verhältnis zu einer Handlung aus. Ganz vorzüglich ist ihm das Gemälde von Fräulein von Humboldt gelungen: sie sitzt, auf ihrem Schoß ruht eine Guitarre; der Ausdruck ihres Gesichts ist begeistert, als sänne sie Liedertönen nach. Die Gegenstände des Zimmers umher sind treflich angeordnet und mit höchstem Fleiße ausgeführt."

Unter den jüngern Geschichtmalern reizte besonders Koch meine Aufmerksamkeit: der Sohn eines Tyroler Hirten, von tiefem Gefühl und glühender Fantasie; doch fehlt es dieser an der gehörigen Haltung, und seinem Geschmack an dem richtigen Takt. Einen Beweis davon giebt sein großes mit vielem Fleiß bearbeitetes Oelgemälde, die Arche Noah auf dem Gebirge Ararat. Das am Himmel sich wölbende Friedenszeichen der ausgesöhnten Natur, oder vielmehr der Gottheit, ist gänzlich verfehlt: es überfaßt so unverhältnismäßig grell und breit die Landschaft, daß dieser Regenbogen mehr einem schwerfälligen bunten Thore als einer sanften Lufterscheinung gleicht."

In Berlin kamen die beiden Schwestern Dorothea und Elisa in den Kreis der Aufklärer. Was Aufklärung bedeutete, hatte Immanuel Kant 1784 beantwortet:[9]

„Aufklärung ist der Ausgang der Menschen aus seiner selbst verschuldeten Unmündigkeit. Unmündigkeit ist das Unvermögen, sich seines Verstandes ohne Leistung eines anderen zu bedienen. Selbstverschuldet ist diese Unmündigkeit, wenn die Ursache derselben nicht am Mangel des Verstandes, sondern der Entschließung und des Mutes liegt, sich seiner ohne Leitung eines anderen zu bedienen. Sapere aude! Habe Mut, dich deines eigenen Verstandes zu bedienen!"

Das fand sich in Berlin, von dem Madame de Stael in ihrem Deutschlandbuch schrieb:[10]

---

[9] Immanuel Kant, Beantwortung der Frage: Was ist Aufklärung? Berlinische Monatsschrift. Dezember 1884, S. 481/494.

"Der König hatte Männer, wie Fichte, Humboldt, Hufeland und eine Menge anderer, die sich in allen Gattungen auszeichneten, in Berlin vereinigt. Berlin, im Mittelpunkt des nördlichen Deutschlands, kann sich als Brennpunkt der Aufklärung und des Lichtes betrachten. Wissenschaften und Künste sind im Flor, und bei den Mittagstafeln, wozu bloß Männer geladen werden, bei Ministern, Gesandten etc., findet die Abstufung des Ranges, die dem Verkehr in Deutschland so nachteilig ist, nicht statt: Männer von Talent aus allen Klassen treffen hier zusammen."

Wenn Madame de Stael dann weiter behauptet, dass dieses Talent auf die Frauen noch nicht zuträfe, dann beweisen die beiden kurländischen Schwestern gerade das Gegenteil. Und dazu trug die Bindung an die Familien Parthey und Nicolai grundlegend bei. Henriette Herz, die selbst einen der berühmtesten Berliner Salons innehatte, schrieb in ihren Erinnerungen:[11]

"In der Tat kann man sich die Annehmlichkeiten, welche das Haus der Herzogin in dieser Hinsicht bot, nicht groß genug denken. Schon die liebenswürdige, geistvolle Dame des Hauses hätte es zu einem anziehenden machen müssen. Aber die Herzogin war die erste Frau so hohen Standes, und ist vielleicht die einzige in Berlin geblieben, welche die Ansicht, daß in der Gesellschaft der geringste dem Stande nach dem Höchsten gleichzusetzen sei, wenn er den Erfordernissen einer höheren Geselligkeit entspreche, praktisch durchführte, und überhaupt so durchzuführen imstande war. Denn es war hierzu

---

[10] Madame de Stael, De l´ Allemagne. London 1813.
[11] Henriette Herz, Die Herzogin von Kurland und ihr Haus. In: H. Herz, Ihr Leben und ihre Erinnerungen. hrsg. J. Fürst, Berlin 1850, S. 184 ff.. Gustav Parthey, Jugenderinnerungen. Teil 1, S. 79/81 im Kapitel „Henriette Herz". hrsg. von Ernst Friedel, Berlin 1907.

erforderlich, daß das Haus von jemandem gemacht wurde, welcher die höchsten Personen zu sich einzuladen berechtigt war. Und dennoch gehörte die Unabhängigkeit, die Energie, der Geist und die taktvolle Humanität der Herzogin dazu, um nicht an dem Unternehmen zu scheitern, und leugnen läßt es sich bei alledem nicht, daß es ihr von manchem eifrigen Kämpen für das Althergebrachte Anfechtungen und Verkennung genug zugezogen hat. Aber sie hat sich durch dessen Durchführung nicht bloß um die geselligen Verhältnisse Berlins, sondern weit über diese hinaus um die Förderung der Achtung wahren Menschenwertes seitens der äußerlich Höhergestellten ein großes Verdienst erworben. Diese letzteren, und namentlich der weibliche Teil derselben, welche bis dahin selten Personen, die außerhalb der Hoffähigkeit standen, in engeren Kreisen gesehen hatten, lernten nun auch diese, befreit vom Zwang einer geistbeengenden Etikette, kennen, ja sie, die sich bis dahin im ausschließlichen Besitze feiner geselligen Formen geglaubt hatten, mußten sich gestehen, daß Geist und Urbanität im Verein sich auch hier zugleich natürlichere, wohltuendere, mannigfaltigere und bedeutungsvollere zu schaffen wissen. Einladungen an Personen der höchsten Stände waren der Herzogin nie ein Grund, Niedergestellte, welche zu ihrem geselligen Kreise gehörten, uneingeladen zu lassen.

Die Herzogin von Kurland hätte bei aller schönen Weiblichkeit doch Energie genug gehabt, um ein großes Reich zu beherrschen, und ihr politischer Blick machte zuweilen den Gedanken rege, daß eine solche Bestimmung eine ihr angemessene gewesen wäre. Schon als sie eine Frau in den Zwanzigern war, hatten die Stände Kurlands gewünscht, daß sie die Regentschaft übernehme, und an ihr lag es nicht, wenn der Herzog, ihr Gemahl, nicht in besserem Einvernehmen mit diesen Ständen war, denn trat ein solches vorübergehend ein, so hatte eben sie es durch oft schwierige Unterhandlungen vermittelt. Um so höher hatte man die Anspruchslosigkeit der hochbegab-

ten Frau zu schätzen, welche in ihrem Hause nur bestrebt schien, die freundliche Förderin einer schönen Geselligkeit zu sein."

Die Bedeutung Berlins für die beiden kurländischen Schwestern lag in dem durch Nicolai vermittelten Verkehr mit dem Philosophen Moses Mendelssohn. Im Hause Nicolai verkehrten außer Mendelssohn noch Gotthold Ephraim Lessing, Johann Georg Sulzer, dessen „Allgemeine Theorie der schönen Künste" die Grundlage der Ästhetik des Aufklärungszeitalters bildete, und Karl Wilhelm Ramler, Professor der schönen Wissenschaften und Leiter des Nationaltheaters in Berlin. Er gab zusammen mit Sulzer die „Kritischen Nachrichten aus dem Reiche der Gelehrsamkeit" heraus. Da Sulzer auch zur Mitarbeit bei den Überlegungen der baltischen Ritterschaften zur Gründung der Universität Dorpat hinzugezogen wurde, schließt sich hier ein Kreis, der von der Bedeutung der Berliner Aufklärung durch Vermittlung der Kurländer für die baltische Wissenschaft spricht.

KLASSIZISMUS IN DER ARCHITEKTUR MITAUS

Imants Lancmanis

Heute ragen in der ehemaligen kurländischen Residenzstadt Mitau nur einige Bauten als Wahrzeichen ihrer einstigen Bedeutung aus der Banalität der sowjetischen Nachkriegsbebauung hervor. Das Herzogschloss, die Academia Petrina, die St. Annen-Kirche, der Turm der St. Trinitatis-Kirche und die Villa Medem sind die wenigen Überbleibsel der einst reichen Architektur Mitaus. Wenn man sich eine Vorstellung von dem Bauwesen Mitaus im Zeitalter des Klassizismus machen will, muss man sich ausschließlich mit alten Fotos, Plänen und Archivunterlagen beschäftigen. Die kunstgeschichtliche Forschung Mitaus wird zu einer „dokumentären Archäologie". Zum Glück hat der Mitarbeiter des lettischen Denkmalamtes Architekt Peteris Arends im Juni 1943, also ein Jahr bevor die gesamte Stadt in den Flammen des Zweiten Weltkrieges aufging, eine sorgfältige Fotodokumentation des Stadtbildes durchgeführt.[1] Dazu kommen viele ältere, aber zugleich auch rein zufällige Aufnahmen der Gebäude; sehr ausführlich sind die Archivalien. Eine kunstgeschichtliche Auswertung haben bisher nur Architekt Heinz Pirang und Kunsthistoriker Jānis Siliņš vorgenommen; der erste in einem kurzen, aber feinfühligen Essay im Jahrbuch für bildende Kunst in den Ostseeprovinzen 1908 über das Stadtbild Mitaus, der andere in der Zeitschrift „Senātne un Māksla" (1937) (Vergangenheit und Kunst) und in seinem 1979 in Stockholm erschienenen Buch „Latvijas Māksla" (Kunst Lettlands). Beide betonen die stark ausgeprägte Eigen-

---

[1] Die Fotonegative des ehemaligen Denkmalamtes von Lettland befinden sich jetzt im Dokumentationszentrum der Inspektion für Denkmalpflege, Riga.

tümlichkeit dieser Stadt, die meistens in einer naiven biedermeierlichen Stimmung zum Ausdruck kommt.

Pirang und Siliņš haben das Stadtbild Mitaus mehr als eine summarische Einheit ausgewertet und nur die chrestomatischen Beispiele angeführt. Eine ganze Reihe von bedeutenden Bauten ist aber vom Erdboden verschwunden, ohne erforscht oder gar in der Fachliteratur erwähnt zu sein. Manchmal sind es nur die Fotos aus dem Jahr 1943, die von der Existenz ganz einzigartiger und für die Architekturgeschichte Kurlands wichtiger Gebäude ein Zeugnis ablegen. Dieser Vortrag will versuchen, eine kurze systematisierte Übersicht über die Hauptlinien in der Entwicklung des Bauwesens von Mitau in der Zeit zwischen ca. 1780 und 1850 zu geben. (Abb. 1)

In einer jeden kleinen und - das sei nicht als Geringschätzung gemeint - provinziellen Stadt ist sehr häufig die Tätigkeit einer führenden Persönlichkeit, eines einzigen Architekten ausschlaggebend: Auf der anderen Seite hat die provinzielle Vorliebe zum Standard, zum Vorbild, eine lange Wiederholung dieser traditionellen Vorbilder zur Folge. Für die erste Phase des Mitauer Klassizismus war diese führende Persönlichkeit der Däne Severin Jensen (1723-ca. 1809), der von 1766 bis 1795 im Dienste der Herzöge von Kurland stand und nachher als ein Gouvernementsarchitekt wirkte. Etwa von 1810 an begann die andere Phase, die unter dem Einfluss des russischen Empire und der damaligen Reglementierung der Architektur stand, die Gouvernementsarchitekten Heinrich Eduard Dicht und Friedrich Schultz gaben ihr eine spezifische Note. Parallel verlief eine weitere stilistische Strömung, die mit der Architektur kurländischer Herrenhäuser und dem Architekten Johann Georg Adam Berlitz verbunden war. Im Hintergrund dieser hochprofessionellen Bauten entwickelte sich aber eine viel bescheidenere und naivere Bautätigkeit, meistens auf dem Niveau eines Maurermeisters oder Zimmermanns beruhend, die das eigentliche Stadtbild prägte.

Der erste frühklassizistische Bau von Severin Jensen in Mitau war der große herzogliche Pferdestall, der 1771-1773 dem Schloss gegenüber am Ufer der Drixe erbaut wurde. Da er schon 1825 total umgebaut worden ist, geben davon nur zwei Aufmessungen vom Anfang des 19. Jahrhunderts eine Vorstellung. Der Fassadenaufriss von ca. 1800[2] - obgleich sehr vereinfacht - lässt gleich die stilistischen Besonderheiten von Severin Jensen erkennen - die Auflockerung der Fassade durch eine kräftige Rustika, die gepaarten Pilaster, den Triglyphenfries, das Umfassen der Fenstereinrahmungen durch einen nochmaligen Rahmen, diesmal in Form einer mit Halbbogen überdeckten flachen Nische.

Das noch immer vorhandene Gebäude der Academia Petrina ist chronologisch das nächste Beispiel des Frühklassizismus in Mitau. 1773-1775 baute der Architekt S. Jensen es aus dem alten herzoglichen Stadtpalast um. Die bis zum Zweiten Weltkrieg im Kurländischen Provinzialmuseum zu Mitau vorhandenen Entwürfe lassen die Entwicklung zur verwirklichten Form verfolgen.[3] Jensen zeigt hier eine erstaunlich große Vielfalt. Die erste Variante ist höchst einfach und nüchtern: Jensen setzt praktisch nur den Turm auf das Bauvolumen des herzoglichen Palastes auf. Der zweite Entwurf zeigt die Fassade fast in der verwirklichten Variante, mit der korinthischen Ordnung und einer reicheren Behandlung der Fassade. Gerade in dieser Zeichnung kommen die Einflüsse des Milieus, aus dem Jensen seine künstlerische Ausbildung erhalten hatte, deutlich zum Vorschein. Der Tradition nach war er in Italien beim Bau des

---

[2] Staatliches historisches Archiv Russlands, St. Petersburg, Fond 1488, Verzeichnis 2, Akte 337, Blatt 8.

[3] Nur zwei Blätter davon sind erhalten - der Grundriss der Akademia Petrina (Dokumentationszentrum) und die Aufmessung des alten herzoglichen Palastes vor dem Umbau (Historisches Museum Lettlands). Die anderen sind veröffentlicht: W. Meyer, Die Gründungsgeschichte der Academia Petrina. In: Sitzungsberichte der Kurländischen Gesellschaft für Literatur und Kunst. Mitau 1935/36.

Schlosses zu Caserta bei Neapel von Luigi Vanvitelli tätig gewesen. Die Komposition des zentralen Teiles der Academia Petrina weist tatsächlich Affinitäten mit dem Mittelteil des Hauptgebäudes vom Schloss Caserta auf.

Im dritten Entwurf ist die Form des Turmes, im Gegenteil zum vorigen, sehr elegant und gut proportioniert. Danach wurde auch der Bau ausgeführt. Stilistisch ist das Gebäude noch stark vom Barock beeinflusst, ähnlich wie im zur gleichen Zeit von Jensen umgebauten herzoglichen Schloss Swethof und in dem noch früheren Schloss Grünhof (1768-1774), was wohl an der repräsentativ-konservativen Funktion dieser Gebäude wie auch am Geschmack des Herzogs Peter lag. Um 1800 mußte Jensen sich nochmals mit diesem seinem akademischen Gebäude beschäftigen, als die russische Regierung in Mitau eine Universität eröffnen wollte. Das Projekt kam wegen des Todes von Zar Paul I. nicht zur Ausführung, ebenso wie der Bauentwurf von Jensen. Die extravagante Turmidee zeigt auch, dass Jensen in seiner Spätzeit nicht mehr einer grundsätzlichen stilistischen Entwicklung fähig war, dass er seine Formensprache nur durch Bizarrerie und pompöse Ausschmückung zu modernisieren versuchte. Das heutige Aussehen der Academia Petrina entspricht nicht in allen Einzelheiten dem ursprünglichen Zustand - bei der Wiederherstellung 1951 wurde die halbrunde Turmkuppel nach der Form des Umbaues von 1841 ausgeführt, auch das steile, für Jensen sehr typische Dach ist nicht erhalten.

Um die weitere stilistische Entwicklung von S. Jensen zu veranschaulichen, kann am besten das um 1780 umgebaute Kavalierhaus in Würzau dienen. Hier kann man den von ihm beliebten Triglyphenfries sehen, wie auch viele Varianten der schon rein klassizistischen Fensterumrahmungen. Ebenso ist das steile Satteldach eine von ihm bevorzugte Form der Überdachung; auch das Walmdach verwendet er gern, nie aber das Mansardendach. Wenn man alle Elemente der Gebäude, die Severin Jensen als herzoglicher Hofarchitekt errichtet hat, miteinander vergleicht, kann man seine Hand auch an anderen Gebäuden auf dem Lande ebenso wie in Mitau erkennen, zum Beispiel am Herrenhaus Alt-Mocken oder am Erbbegräbnis zu Lievenbersen und selbstverständlich an einer ganzen Reihe von Häusern in Mitau.

Als das erste Beispiel der privaten Baupraxis von Jensen in Mitau muss das Haus der Grafen Medem (1783) in der Bachstraße (sog. Palais Medem) erwähnt werden, das schon A. Müller-Eschebach Jensen zugeschrieben hatte (Abb. 2). Es ist in der Tat ein Bauwerk, das alle Elemente von Jensens Stilrepertoire in einer besonders gelungenen Zusammensetzung umfasst. Sehr fein weiß er die Fassade aufzulockern: eine Grundfläche existiert an diesem Gebäude fast nicht, so dicht sind die breiten und komplizierten Fensterumrahmungen zwischen die Pilaster eingepresst und die liegen ihrerseits nicht unmittelbar auf der Grundfläche, sondern die Wand tritt stufenweise zurück und die Pilaster werden an jeder Seite optisch verdoppelt. Sogar das am meisten archaische Jensensche Detail - die Verkröpfung des Giebelfeldes - wirkt hier weniger störend als anderswo. Der kleine und elegante Balkon des Palais Medem, übrigens ein Bauelement, das in Kurland sehr selten vorkommt und nur von Jensen gern verwendet wurde (Schlösser zu Würzau, Friedrichslust, Mitau, Herrenhäuser zu Alt-Abgulden, Alt-Mocken, Stalgen), blieb in Mitau auch weiterhin als ein maßgebendes Vorbild gültig. Wie weit solche Nachbildungen gingen und welche Ausartungen diese Balkon-Mode annehmen konnte, zeigte das Haus Schreiberstraße 34 - das Haus wie der winzige Balkon waren aus Holz. Im Stadtpalast der Grafen Medem gab der Saal eine kleine Vorstellung von einem Jensenschen Innenraum. Der war sehr einfach und rein architektonisch konzipiert - die Wandfläche mit ionischen Pilastern gegliedert. Große stuckierte Lorbeerblattrosetten an den Ecken der sonst fast glatten Decke bildeten den einzigen plastischen

Schmuck.[4] Es ist aber möglich, dass die Wände des Saales ursprünglich dekorative Malereien enthielten, wie z.B. in Würzau, Grünhof und Friedrichslust.

Ebenso wie die herzoglichen Stallungen ist auch das bedeutende Haus der kurländischen Gouvernementsregierung in der Großen Straße (die spätere Kreisschule) nur aus flüchtigen Aufmessungen bekannt[5]. Aber es genügt, um gleich die typischen Merkmale von Jensen zu erkennen, darunter auch den effektvollen Triglyphenfries im Gebälk (auf der primitiven Zeichnung zwar nur angedeutet) und die komplizierten Fensterumrahmungen. Das Mansardendach dieses Gebäudes ist ein Beweis dafür, dass Jensen es aus einem älteren Wohnhaus umgebaut hatte.

Ein Haus von ähnlicher Komposition, aber dreistöckig, lag in der Schloßstraße, neben dem Hotel Linde. Hier wurde der Mittelteil wieder durch einen Balkon auf stark herausragenden Konsolen akzentuiert, auch der Jensensche Triglyphenfries und der feine Wechsel verschiedener Fensterformen waren vorhanden. Es ist anzunehmen, dass Jensen auch an dem Bau - oder vielmehr dem Umbau - der Residenz des Vizegouverneurs gewirkt hat (Ecke der Katholischen- und Teichstraße). Darauf weisen nicht nur die äußeren Merkmale hin. So ein Auftrag gehörte folgerichtig zu den Funktionen eines Gouvernementsarchitekten. Das Gebäude hatte in beiden Stockwerken Fenster mit Segmentbögen, die ebenso wie das Halbwalmdach aus einem älteren Bau stammen dürften. Für Jensen sprechen die ei-

---

[4] Stilistisch scheint der Dekor des Saales im Verhältnis zur Datierung des Gebäudes selbst zu früh. Leider sind sehr wenige Jensensche Innenräume bekannt, was eine Analyse sehr erschwert. Jedenfalls sind die wenigen Gebäude, wo Jensen selbstständig auch die innere Ausstattung entwerfen konnte, sehr einfach - so in den Schlössern Grünhof (Saal), Würzau (die Wände des Festsaales), Friedrichslust (Treppenraum) und in der Academia Petrina.

[5] Staatliches historisches Archiv Russlands, St. Petersburg, Fond 1488, Verz.2, Akte 441, Bl. 9.

genartige schmale Form des Mittelrisalits, das nur eine Fenster- bzw. Türachse umfasst, besonders aber der sonderbare portalartige Dachausbau, der ähnlich nur im Jensenschen Kavaliershaus zu Würzau vorkommt.

Man muss nicht annehmen, dass Jensen nur perfekte, reich dekorierte Gebäude aufgeführt hat. Das urkundlich von ihm stammende Herrenhaus Stalgen ist ein Beweis dafür, dass der Architekt sich auch auf viel einfachere Lösungen umstellen konnte. Die rustikale Lisene kann als die einzige Stilform auftreten. Natürlich darf man nicht die ganze Verbreitung dieses Details im Bauwesen Mitaus auf Jensen allein zurückführen, aber jedenfalls hat er viel zur großen Popularität des Rustikalen in der Stadt beigetragen. Die herzogliche Stadtkanzlei (der Tradition nach wurde das Haus für dasselbe gehalten, in welchem Graf Moritz von Sachsen 1726 gewohnt haben soll) in der Katharinenstraße 2 kann als ein Musterbeispiel für diese Gattung gelten.

Das Gebäude der berühmten Druckerei Steffenhagen (Ecke Kannengießer- und Grünhofscher Straße) wies manche Ähnlichkeiten mit der Jensenschen Formensprache auf (die durchgehende Verkröpfung bzw. die Rustilizierung des Risalits bis zum Giebelfeld), war aber gleichzeitig mehr im norddeutschen „Zopfstil" mit seinen typischen feingliedrigen Verzierungen ausgeführt. Severin Jensen hatte ein spezifisches Formgefühl mit einer unverkennbaren Neigung zur Vertikalität, hier sind aber die Formen mehr gedrungen. Auch das Mansardendach, hier zweifellos gleichzeitig mit dem ganzen Gebäude entstanden, zeugt von einer anderen Hand.

Verschiedene Bauten aus dem letzten Viertel des 18. Jahrhunderts mit dem „gebrochenen Dach" zeigen, dass parallel zum Jensenschen Bautyp eine stilistische Strömung verlief, die mehr mit dem Barock und seiner verbunden war. Sie zeigten ein anderes Proportionsgefühl - die Häuser waren breiter und ruhiger - zugleich aber auch weniger individuell - etwa wie ein

Durchschnittsmodus der Zeit. Die Häuser in der Großen Straße 38 und 43, Seestraße 36, Kannengießerstraße 12, und Palaisstraße 13 sind Vertreter dieser Gruppe, die nichts mit den Entwürfen berühmter Architekten zu tun hatten, sondern aus den verallgemeinerten Vorstellungen der Erbauer und der Bauherren entstammten. Der erste von ihnen war ein Maurer- oder Zimmermann, der andere ein Mitauer Bürger, am häufigsten waren es Kaufleute oder Handwerker. Verhältnismäßig selten wurden Adelshäuser mit ausgesprochenen aristokratischen Prätentionen erbaut (Haus Graf von der Pahlen, Haus von der Osten-Sacken), denn viele Stadthäuser des Landadels wurden fertig erworben und nicht neu gebaut. In Mitau konnte man hauptsächlich nur die Bachstraße als eine kleine aristokratische Siedlung ansehen und auch das nur im 19. Jahrhundert. Viele schöne Häuser in der Seestraße gehörten dem kurländischen Adel. Hier muss das ehemalige Haus der Freimaurerloge (Seestraße 19) erwähnt werden, das die Legende dem großen Rastrelli zuschreibt. In der Tat gehört das Gebäude in die Zeit des Frühklassizismus. Nachdem im Jahre 1816 die letzte Sitzung der Freimaurer in dem Hause stattgefunden hatte, besaßen es nacheinander die Familien von Klopmann, von Derschau und zuletzt die Barone von Hahn auf Asuppen, die es mit einem prächtigen Mobiliar ausstatteten.

Stilistisch kann man die anonyme Gruppe der frühklassizistischen Bauten in Mitau mit keinem direkten regionalen Einfluss in Verbindung bringen. Die formalen Merkmale sind allzu summarisch, um sie in Bestandteile zerlegen und analysieren zu können. Vielmehr waren an den Hinterfassaden, in den malerischen und romantischen Höfen, einige Besonderheiten festzustellen. Dort war nicht nur die allgemeine unverkennbare Mitauer Stimmung spürbar. Die starke Verbreitung des Fachwerks (an vielen Straßenfassaden war es in Form einer Steinarchitektur vorgetäuscht), sowie die häufige Verwendung des Satteldaches (anstatt der Mansarden-, Walm- und Halbwalmdächer) weisen auf nordostdeutschen Einfluss hin, der ständig mit der reinsten einheimischen, sogar der volkstümlichen Tradition verflochten wurde.

Die Vorliebe zum Detail und zur Verzierung wurde am meisten in den Türgestaltungen entfaltet. Nirgendwo sind die Türflügel so unformal, so phantasiereich, häufig auch ganz naiv gestaltet wie in Mitau. Eine besonders reiche Tür war in der Schloßstraße 4 zu sehen.

Nach der Eingliederung des Herzogtums in das Russische Reich gewann Mitau allmählich die Züge der russischen spätklassizistischen Architektur. Allerdings lässt sich Ende des 18. und zu Anfang des 19. Jahrhunderts noch keine schnelle Wandlung feststellen. Jensen behielt seine Stellung und wurde kurländischer Gouvernementsarchitekt. Seinen Einfluss kann man an dem um 1810 erfolgten Umbau der ehemaligen herzoglichen Orangerie zum Großen Klub oder Adelsklub (Abb. 3) feststellen - nur die Formen der Fassade sind schwerfälliger und gröber geworden. Der große Saal des Klubs hatte eine monumentale Wandgliederung mit ionischen Pilastern, die an dem Saalende in schlanke Säulen übergingen, mit einer Musikantenempore in der Mitte.

Im zweiten Jahrzehnt des 19. Jahrhunderts geschah ein schnellerer Wandel im Stadtbild von Mitau. Das war unausweichlich durch das streng reglementierte System des Städtebaus im ganzen Kaiserreich. Im Jahre 1809 wurde der erste Band der sogenannten „Allerhöchst bestätigten Fassaden" herausgegeben und bis 1824 folgten noch drei weitere. Diese Kupferstiche boten eine ziemlich große Auswahl fertiger Vorbilder, die an sich zwar schön waren und von den besten Architekten stammten, aber zugleich auch zu einer Erstarrung des baulichen Schaffens und einem Verlust der Individualität führten. Bald wurde es zum Zwang für die Bauherren und die örtlichen Baumeister, jeden Neu- oder Umbau einem der vorgeschriebenen Entwürfe anzupassen. Anders wurde der Bauplan amtlich nicht bestätigt; sogar die Fassadenfarbe musste unter den acht vorgeschriebenen Farbtönen ausgewählt werden.

Am 28. April 1817 wurde das „Baureglement für die Gouvernementsstadt Mitau" herausgegeben[6], das eine ganze Reihe von Änderungen im alten Stadtbild vorsah. Außer den Vorschriften, Gebäude, Zäune und Pforten nur nach den „Allerhöchst bestätigten Fassaden" zu errichten und die „auf denen dem Polizeiamte zugesandten Probetafeln befindliche Farbe" zu verwenden, wurden sehr strenge baupolizeiliche Verordnungen hinsichtlich der Feuersicherheit und der Geradlinigkeit der Straßenfronten erlassen. Bis zum 1. Juli 1818 mussten alle Dächer mit Dachpfannen oder mit Blech gedeckt sein, alle Gebäude, „die hinter der Gassenlinie stehen, müssen bis selbige beym Umbauen bis zur Gassenlinie vorgerückt werden", alle Vorbauten und Vordächer abgerissen, die Laternenpfosten abgetragen und die Laternen unmittelbar an den Gebäuden befestigt, hölzerne Häuser nur mit steinernen Brandmauern errichtet werden usw. Übrigens stammte die erste Verordnung, alle Strohdächer in der Stadt abzuschaffen, schon von Herzog Ferdinand im Jahre 1735, hatte aber wenig Erfolg gehabt. Auch die Bauordnung von 1817 konnte nicht so schnell der Stadt die erwünschte Geradlinigkeit und Musterförmigkeit verschaffen. Besonders die Straßen blieben bis in die zweite Hälfte des 19. Jahrhunderts ein Stein des Anstoßes in Mitau. (Abb. 4)

In einer jeden Gouvernementsstadt war die Anlage eines Hauptplatzes eine beliebte Ausdrucksform des imperialen Architekturdenkens. Der Gouvernementsarchitekt Heinrich Eduard Dicht war berufen, es auch in Mitau zu verwirklichen. Dicht hatte seine Tätigkeit in Kurland als ein Privatarchitekt beim Bau des Herrenhauses Tels-Paddern im Jahre 1808 be-

---

[6] Staatliches historisches Archiv Lettlands (SHAL), Riga, Fond 7430, Verz. 1, Akte 431, S.1.

gonnen und stand im Dienst der kurländischen Gouvernementsregierung von Juli 1813 bis Oktober 1820. Im Jahre 1818 führte er Projekte zur Hauptwache und zum Kaufhof am Marktplatz, der jetzt Paradeplatz hieß. Diese sogenannten Marktkolonaden waren aus Holz gebaut und umfassten den Marktplatz von zwei Seiten. Die Hauptwache, obwohl ganz klein, war ein typisches Beispiel des russischen Empire, das zugleich Affinitäten zu dem persönlichen Stil von Dicht aufwies. Er bevorzugte einfache, monumentale Baukörper, die Schwere und Strenge seiner Bauten wurde durch den Verzicht auf reiche dekorative Elemente der klassischen Ordnung noch betont. Das Lieblingsmotiv von Dicht war ein portalartiger Wandteil mit dem dreiteiligen palladianischen Fenster in der Mitte - als Fassadenrisalit, Endfassade oder als Einfahrtstor verwendet. Als Säulen benutzte er meist toskanische, wuchtig und einfach, in der Regel mit besonders breitem und schwerem Gebälk darauf. Die Fassaden des Herrenhauses Tels-Paddern können gut diese Tendenzen veranschaulichen. Dicht kam aus Brandenburg und stilistisch war er mit dem Berliner Klassizismus verwandt, hauptsächlich mit den Bauten von David Gilly.

In demselben Jahre 1818 hatte H.E. Dicht auch einen Entwurf zum Umbau des alten herzoglichen Stallgebäudes von Jensen geliefert. Das aufwendige Projekt, das Parallelen mit Stallungen auf den Gütern Zirau und Nurmhusen zeigt, wurde jedoch nicht verwirklicht.

Die Spuren der Tätigkeit von Dicht lassen sich auch an einigen Mitauer Stadthäusern feststellen. Als ein höchst eloquentes Beispiel für die Stilformen von Dicht bei gleichzeitigem Bestreben, Mitau ein imposantes Antlitz zu verleihen, gilt das Haus in der Katholischen Straße 1. Hier war einem hölzernen Speicher eine effektvolle Fassade vorgeblendet, die das obligatorische portalartige Bauelement mit dem dreiteiligen palladianischen Fenster enthielt; auch die von Dicht geliebten runden Rosetten und die Maske in der Mitte der Archivolte fehlten nicht. Noch ein anderes, ähnlich komponiertes Gebäude, auch ein Giebelhaus, befand sich in der Seestraße 9. Für Dicht spricht hier die kühne Idee, den Bau in der ganzen Längsausdehnung mit einem riesigen Dreiecksgiebel zu bekrönen, wie auch die gesamte monumentale Struktur. Die Dreiteilung des Mittelfeldes ist hier durch zwei ionische Pilaster erreicht; die Maske an der Archivolte ist wieder vorhanden.

Der Nachfolger von H.E. Dicht war der Architekt Friedrich Schultz. Er hatte seine Ausbildung in St. Petersburg erhalten und vertrat deshalb die Baugesinnung des russischen Spätempire in vollem Maße. In Mitau hatte aber Schultz selbst wenig gebaut. Ihm verdankte die Stadt nur die 1835 erbauten Kaufläden an einer Seite des Marktplatzes und das neue Stallgebäude neben dem herzoglichen Schloss. Sein Stil war sehr nüchtern, ohne monumental zu sein; er übertraf an Strenge und Schlichtheit sogar die Entwürfe aus der Sammlung der „Allerhöchst bestätigten Fassaden". Wir werden später noch einmal Schultz treffen - in einer wettbewerbsähnlichen Situation, aus der er nicht als Sieger hervorging.

Unweit von dem letzterwähnten Gebäude von Dicht befanden sich in der Seestraße zwei sehr interessante Häuser, die in einen anderen Stilkreis einführten. Das Giebelhaus Seestraße 18 stand in Gesamtaufbau und Proportionen dem vorigen Bau nahe, war aber aus einer ganz anderen Ideenwelt heraus entstanden. Hier erscheint der Architekt Johann Georg Adam Berlitz[7]. Er kam nach Kurland aus Jena in Sachsen-Altenburg und stand bis zu seinem Tod im Dienst des Grafen Jeannot Medem, Bruder der Herzogin Dorothea von Kurland. Außer den Schlössern Elley, Durben und Blieden hat er für die Medems auch eine Villa in Mitau gebaut. Die Villa Medem ist eins der wenigen Gebäude, die nach dem Zweiten Weltkrieg in Mitau

---

[7] Näheres über J.G.A. Berlitz im Ausstellungskatalog: Elejas pils. Kataloge, Rundales pils muzejs, 1992 (lettisch mit deutscher Zusammenfassung).

erneuert wurden. Hier sieht man eine klassizistische Architektur anderer Gattung als bei Dicht. Sein ganzes Leben lang war Berlitz geistig mit einem einzigen Projekt verbunden, das der italienische Architekt Giacomo Quarenghi um 1797 für das Schloß Elley in St. Petersburg ausgearbeitet hatte. Quarenghi verkörperte eine vornehme hochklassizistische Architektur, ebenso stark von Palladio wie vom antiken Rom beeinflusst. Eine effektvolle Säulenhalle in vorwiegend ionischer Ordnung und eine reiche Fassadenbehandlung gehörten dazu. Der viersäulige Portikus des Quarenghischen Entwurfes wurde zwar in Elley in einer bis zu sechs Säulen erweiterten Variante ausgeführt, aber ideell stand er Berlitz immer vor Augen und übte einen starken Einfluß auf seine späteren Bauten aus. In der Villa Medem ist der Portikus einem hohen Quergiebel vorgelegt, der mit einem niedrigen einstöckigen Gebäudekörper vereint ist. Wie alle bemerkenswerten Bauten in Mitau, so hat auch die Villa Medem Wiederholungen gefunden: eine davon steht noch heute in der Doblenschen Straße Nr. 5.

Die Fassade des Hauses Seestraße 18 entspricht auch dem erwähnten Typ von Quarenghi-Berlitz: diese Fassade ist eigentlich nur ein großer dekorativer Portikus, allerdings nicht als eine freistehende Säulenhalle, sondern nur von flachen Pilastern gebildet. Besonders charakteristisch für diesen Typ ist die Einfügung des dreiteiligen palladianischen Fensters in das mittlere Interkolumnium. Die Formen sind viel ausgewogener, ruhiger, sie wollen schön und harmonisch aussehen. Auf der anderen Straßenseite stand ein Haus, das diese Idee weiter variierte, jedoch ohne Akzentuierung der Fassadenmitte.

Ähnlich komponiert ist der zentrale Fassadenteil im Hause Große Straße 69 (Dorotheenschule); das Gebäude selbst mit seinem Mansardendach stammt noch aus dem 18. Jahrhundert. Die prächtigste Ausbildung der Portikusidee konnte man an dem Zweitraktgebäude Ecke Katholische und Große Straße betrachten. Eine von den beiden Fassaden war mit Doppelpilastern dekoriert, dabei mit den in Mitau so seltenen korinthischen Kapitellen; die andere Fassade hatte den üblichen Vierpilasterportikus. Es ist ein interessantes Beispiel einer Tendenz zur prätentiösen Effektsteigerung, was zweifellos an dem Auftraggeber lag: an sich war das Gebäude ziemlich unbeholfen proportioniert, wodurch die erwünschte Pracht erheblich gemindert wurde.

Als ein effektvoller Abschluss dieser von Berlitz geprägten stilistischen Linie in der Architektur Mitaus gilt das prächtige Gasthaus Zehr am Marktplatz (Abb. 5). Es ist faktisch eine nur um vier Fensterachsen gekürzte und um ein Geschoss erhöhte Kopie des Schlosses Elley[8]. Dieses Phänomen bezeugt die Bedeutung des Elleyschen Gebäudes als Standardwerk im damaligen Bauwesen Kurlands. Anfang des 20. Jahrhunderts wurde an einer anderen Seite des Marktplatzes noch eine weitere Paraphrase des mehrmals erwähnten Berlitzschen Portikus erbaut, ein Beweis, dass seine Bauten auch in moderner Zeit ganz bewusst als ein Vorbild des Bodenständigen und Authentischen betrachtet wurden.

J.G.A. Berlitz hat nur für die Villa Medem Entwürfe (in einer ersten Variante) hinterlassen. In der Sammlung der Bauzeichnungen, die einst dem Grafen Jeannot Medem gehört hat und hauptsächlich von Berlitz stammt, sind noch zwei Entwürfe für Stadthäuser vorhanden, von denen eins den ionischen Portikus mit sechs Pilastern vorschlägt[9].

Das Haus mit einem Vierpilasterportikus kommt in Mitau sehr häufig vor. Meistens sind es ganz einfache Holzgebäude, dabei mit einer sehr breiten Entstehungschronologie - bis zum

---

[8] Verschiedene Datierungen des Gebäudes sind in der Literatur zu finden - hauptsächlich 1825 und 1843. H. Pirang gibt die letzte Jahreszahl an, er habe den Bauplan gesehen. Das bestätigt auch der Maler J. Döring in seinen Aufzeichnungen, vgl. SHAL, Fond 5759, Verz. 2, Akte 1107, Bl. 65b.

[9] Nationalbibliothek Lettlands, Riga, Abteilung seltener Bücher und Manuskripte, Rx-112,3.

Ende des 19. Jahrhunderts. Nicht selten sah man in Mitau ein typisches Haus aus dem 18. Jahrhundert mit dem Mansardendach, das später einen modernen Portikus bekommen hatte, wie zum Beispiel das Haus der bekannten Buchhandlung Reyer und das Wohnhaus Poststraße 33. Eins der amüsantesten Beispiele war das Holzhaus Poststraße 22, ein kleines fünfachsiges Gebäude aus der zweiten Hälfte des 18. Jahrhunderts, mit einer schönen Rokoko-Tür und einem merkwürdigen Risalit aus der Empire-Zeit - es hatte drei Pilaster anstatt der vier, was zwar den winzigen Ausmaßen des Gebäudes entsprach, gar nicht aber den Regeln der klassischen Ordnung. Dabei ruhte der Giebel unmittelbar auf den Pilastern ohne jegliches Gebälk dazwischen.

Ein Portikus mit vier Pilastern als einem dekorativen Akzent ist sehr häufig in den Vorlagesammlungen zu finden. Die „Allerhöchst bestätigten Fassaden" setzten sich zuerst zum Ziel, den Städten ein mehr repräsentatives Aussehen zu verleihen, wozu in erster Linie der Portikus diente. Gerade auf dem alltäglichen, kleinbürgerlichen Niveau zeigten sich die schwachen Seiten der imperialistischen Baureglementierung besonders stark. Den meisten aus Holz gebauten Wohnhäusern wurden ganz unorganisch die Risalite mit den Pilastern vorgeblendet, was aber interessanterweise gar nicht zum ebenso unorganischen Ergebnis führte. Gerade dieser Widerspruch zwischen dem Autochthonen, Althergebrachten auf der einen Seite und dem Aufgedrungenen, Normativen auf der anderen gab dieser zahlreichen kleinbürgerlichen Bebauung Mitaus eine unverkennbare Originalität und einen besonderen Reiz. Die örtlichen Maurermeister und Zimmerleute waren in einer ganz anderen Situation als im 18. Jahrhundert, als ihre Bauten nur die Resultate der einheimischen Bautradition und des Geschmacks der Bauherren waren. Jetzt waren auch sie gezwungen, nach den „Allerhöchst bestätigten Fassaden" zu arbeiten. Eine Reihe von Prüfarbeiten - Zeichnungen Mitauer Maurermeister im Staatlichen Historischen Archiv sind bloß Kopien nach den bestätigten Fassaden[10]. Zum Beispiel hat der Entwurf von Johann Gottfried Berg aus dem Jahr 1816 nur einen anderen Treppenaufgang als im Vorbild und die Medaillons über den Fenstern sind leer geblieben. Berg hat selbst den Grundriss und den Querschnitt hinzukomponiert. Ebenso sind die Vorbilder für die Zeichnungen von Johann Gottfried Berg dem Jüngeren (undatiert) und Jakob Reck (1831) leicht zu finden. Von der Wichtigkeit, die man diesen Regeln beimaß, und in wie hohen Sphären auch die alltäglichen Bauvorhaben entschieden wurden, spricht sehr eloquent ein Brief der Kurländischen Gouvernements-Regierung an den Generalgouverneur vom 11. Februar 1826: „Die Wittwe Ullmann hat die hier anliegende Facade, nach welcher sie ihr außerhalb der Stadt in 1. Quartier Nr. 203 belegenes Haus auszubauen wünsche, anhero producirt, und um die Bewilligung nachgesucht, hiernach die Reparatur bewerckstelligen zu können. Da nun diese Facade, entlehnt aus dem 4ten Theile des Allerhöchst bestätigten Facaden-Buches Nr. 121, zwar eine Abweichung von der Normal-Facade hat, dennoch aber nach dem eingeforderten Gutachten des Gouvernements-Architecten die Simetrie und Proportionen des Gebäudes nicht verlegt, ferner hier in Erwägung zu ziehen ist, daß dieses Haus außerhalb der Stadt belegen ist, so hat die Kurländische Gouvernements-Regierung nicht anstehen können, diese Facade Euer Erlaucht zur Bestätigung vorzustellen".[11]

Diese bürokratischen Schranken fielen erst seit Mitte des 19. Jahrhunderts allmählich. Aber auch zuvor ließen die einheimischen Baumeister lebendigen Geist in die strengen Vorschriften einfließen, wie Heinz Pirang 1908 schrieb: „Der Baumeister schuf unbefangen nach vorgeschriebenen Gesetzen. So erhielt das ganze Stadtbild eine durch einheitliche Aus-

---

[10] SHAL, Fond 6828, Verz. 6, Akte 552, 554, 557.

[11] SHAL, Fond 7430, Verz. 1, Akte 452, Bl. 19.

drucksmittel stark ausgeprägte typische Physiognomie - ein Vorzug, der bei allem sonstigen Mangel an objektiver Wahrheit und bei dem äußerlichen Formalismus - dem alten Stadtbild zuerkannt werden muß".[12] Einige Fotos von den kleineren oder größeren Holzhäusern, teilweise infolge des Umbaus eines älteren Gebäudes entstanden, veranschaulichen diese bescheidene aber anmutige Architekturwelt.

Als ein Beispiel zum Ausklang des Spätklassizismus in Mitau kann der Umbau des Kurländischen Ritterhauses angesehen werden. Zwar nicht chronologisch, denn auch noch lange nachher wurden klassizistische Gebäude aufgeführt, aber die Geschichte des Umbaus spiegelte die allgemeine stilistische Wandlung wider.

Für das 1803-1805 aus zwei Häusern errichtete Ritterhaus wurde 1837 ein Umbauvorschlag vom Gouvernementarchitekten F. Schultz ausgearbeitet, nach welchem die Arbeiten begonnen wurden. Der Aufriss der Fassade ist erhalten geblieben und zeigt eine für Schultz typische schmucklose und wenig interessante Architektur. Anfang 1838 wurde die allgemeine Unzufriedenheit mit dem begonnenen Bau so laut, dass die Arbeiten eingestellt wurden und Emil Julius August Strauss, ein Architekt aus Berlin, das Gegenprojekt entwarf. Dieser wurde zwar von der kurländischen Baukommission unter Einwirkung von Schultz abgelehnt, aber der Bau wurde 1840 dennoch nach dem Projekt von Strauss beendet. Die Baukommission wurde faktisch vor eine vollendete Tatsache gestellt und musste diesdulden. Das zeigte nicht nur die Geschmackswandlung - Abkehr von der strengen Nüchternheit des russischen Empire und der „Allerhöchst bestätigten Fassaden", es bildete auch eine Probe, die bürokratischen Einschränkungen zu ignorieren. Strauss war mit diesem Bau noch im Rahmen des Spätklassizismus geblieben, aber er wählte eine andere stilistische Va-

---

[12] H. Pirang, Über das Stadtbild Mitaus. In: Jahrbuch für bildende Kunst in den Ostseeprovinzen. 1908, S. 29.

riante, die des Berliner Klassizismus Schinkelscher Prägung, was hauptsächlich in den beiden Seitenrisaliten zum Ausdruck kommt, wie auch in den perfekten dorischen Säulen des Vestibüls. Gleichzeitig weist die Fassade des Ritterhauses eine für Kurland wenig charakteristische Pracht auf - korinthische Ordnung, ornamentale Basreliefs. 1841 wurde das Gebäude innen reich ausgemalt und möbliert, dabei waren die Möbel teilweise im Stil des „zweiten Rokoko" angefertigt. Es war nicht nur das Ende des russischen Empire, sondern auch eine Wende vom Spätklassizismus zum Historismus. Das Ritterhaus bildete aber eine Ausnahme. Im Allgemeinen bewahrte die klassizistische Architektur ihre Stellung in der Stadt sehr lange. Noch in der zweiten Hälfte des 19. Jahrhunderts, vielfach schon mit historisierenden Details vermischt, sind die Elemente der klassischen Ordnung zu finden - die Pilaster, der Dreiecksgiebel, die klassizistischen Überdachungen der Fenster und Türen. Die Gestalt eines Hauses, wie es sich im Laufe der damals unbeliebten „Allerhöchst bestätigten Fassaden" entwickelt hatte, erstarrte allmählich zu einem unwandelbaren Vorbild eines anständigen Bürgerhauses. Die Tradition hatte periodisch wie immer ein neues Gesicht bekommen, ohne auf die ursprünglichen Entstehungsverhältnisse Rücksicht zu nehmen. Das Mitau, so wie es bis 1944 dastand, war eine Stadt, die ihre Gestalt hauptsächlich im langen, baulustigen und vielseitigen Zeitalter des Klassizismus erhalten hatte.

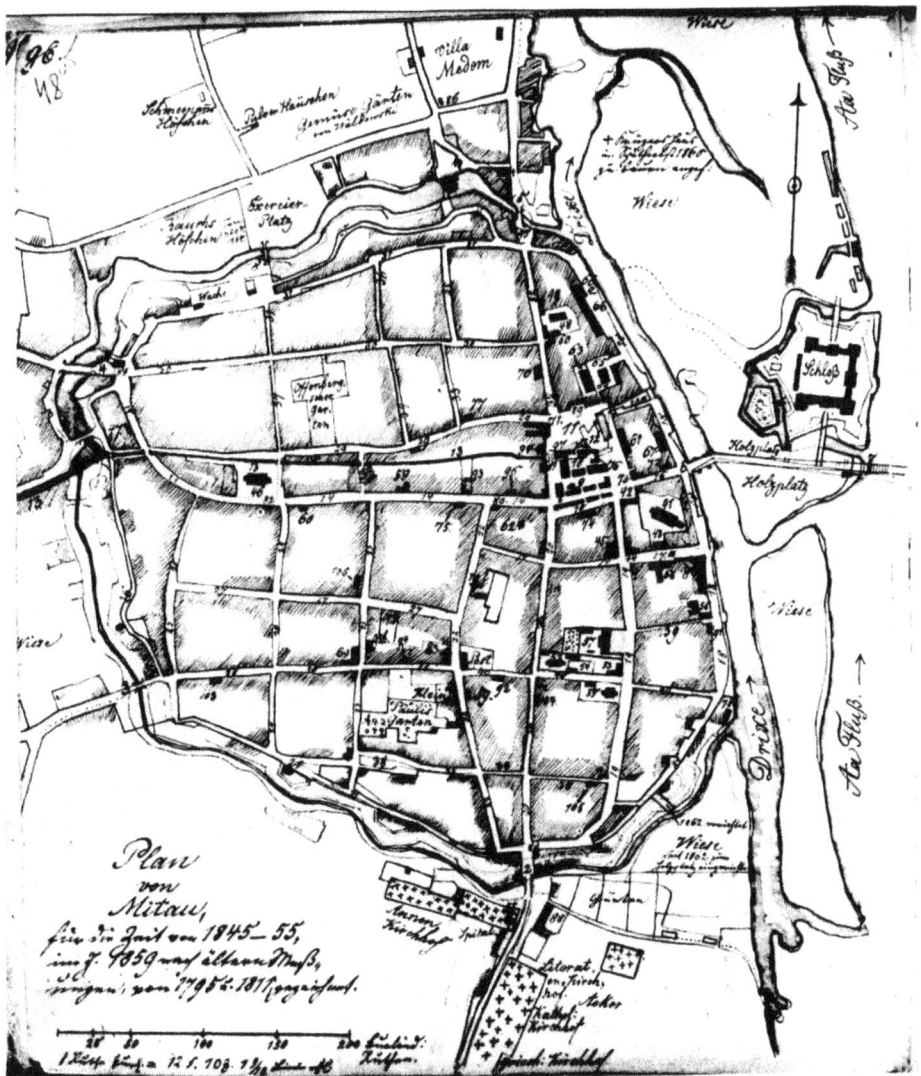

Abb.1 Stadtplan von Mitau
Gezeichnet von Julius Döring 1859

Abb. 2 Mitau Palais Medem
Foto ca. 1900

Abb. 3 Mitau Der große Club mit der Partie von der Katharinenstraße
Foto Ende 1900 Jahrhundert

Abb. 4 Blick vom Turm der St. Trinitatiskirche auf den Marktplatz

Abb. 5 Mitau Gasthaus Zehr

KLASSIZISMUS IN DER SAKRALBAUKUNST LIVLANDS

Ojārs Spārītis

Der letzte bedeutende Stil in der Architektur und der Kunst, der alle künstlerischen Ausdrucksweisen umfasst hat und sich als ein universales Formsystem gleichzeitig in vielen Ländern - weit über die Grenzen Europas hinaus - ausgebreitet hat, war der Klassizismus.

In diesem Zeitabschnitt, gleichzeitig mit der Einverleibung Lettgallens durch Russland 1772 und der Abschaffung der nominalen Autonomie des Herzogtums Kurland 1795, begann die Integration des Territoriums des heutigen Lettland in das verschmelzende Struktursystem des Zarenreiches. Diese Bedingungen bilden die Grundlage für die Kulturpolitik in den Ostseeprovinzen. Auf dem uns interessierenden Kulturgebiet führten sie zur Rückkehr zu den edlen und klaren Formen der antiken Kunst. Im Sinne der Entlehnung und der schöpferischen Entwicklung feststehender Kulturformen dürfte der Begriff „Klassizismus" nicht auf Kurland und Livland, Riga eingeschlossen, (in der russischen geopolitischen Terminologie gebrauchte Bezeichnung „Ostseeprovinzen") bezogen werden. Riga als politisches und administratives Zentrum begann alle Neuerungen, die sich vom mittleren Teil Europas in Richtung Moskau und Petersburg bewegten, zu assimilieren. Man könnte sogar behaupten, dass das Baltikum vielen Künstlern und Architekten als Sprungbrett in ihrer Laufbahn zu den Zentren des russischen Reiches gedient hat.

Eine zweite wesentliche Voraussetzung, die keinen Qualitätsschwund zuließ, war der im Baltikum heimisch gewordene wohlhabende deutsche, schwedische, polnische und russische Adel.

Das Eigengewicht dieser Aristokratie war durch ein dichtes Netz von Landgütern, Manufakturen, Mühlen, Gaststätten, Speichern, Märkten und anderen repräsentablen Eigentumsobjekten gesichert. Daher bot sich der gewinnbringenden Wirtschaftstätigkeit die Möglichkeit, die Einkommen in einem Kulturkonsum von hohem Niveau zu verwenden. In Wohnhäusern, Residenzen und Gebäuden der ökonomischen Infrastruktur verkörperten sich die dem Zeitgeschmack entsprechenden hohen Kriterien, die auch in der Baukunst der Gotteshäuser erkennbar sind. Zwei Wege der Finanzierung standen miteinander im Wettbewerb. Bei den Landgemeinden war das gespendete Grundkapital des Gutsbesitzers als Gründer und Patron maßgebend. In den Städten waren es die Bereitstellungen der Staatskasse. Beide Varianten gewährleisteten ein gleich hohes Niveau der ästhetischen Anforderungen und Verwirklichungsmöglichkeiten.

In der Zeit des Aufblühens des reifen Klassizismus erlebte die Kirchenarchitektur einen wesentlichen Fortschritt der Formgestaltung der konstruktiven und räumlichen Lösung, der dekorativen Ausstattung und Einrichtung.

Die zu betrachtende Periode von 1760-1840 ist wesentlich für die Entwicklung der technischen und ästhetischen Errungenschaften. Dabei übertreffen die in dieser Zeit neu errichteten Gotteshäuser die Qualität der Kirchenarchitektur des Kurländischen Herzogtums oder des schwedischen Livlands. Die allgemeinen Lexika erwähnen den Zeitabschnitt zwischen 1770 und 1830 für das Aufblühen, die Reife und das Ende des Klassizismus[1], doch ist das nur eine Verallgemeinerung aufgrund des Vergleiches mit den Stilmerkmalen der europäischen Länder. Und da das Baltikum in dieser Periode keine Ausnahme und auch keine europäische Provinz ist, finden die kulturellen Prozesse hier gleichzeitig statt. Dabei ist zu bemerken, dass die Welle des Klassizismus Livland etwas früher als die obenge-

---

[1] Wörterbuch der Kunst. Berlin 1957, S. 340.

nannten Grenzen erreichte. Die von ihr geschaffene Rückbewegung setzte nach den 1830er Jahren ein. Sie dürfte als ein Ausdruck des Konservativismus in der Kultur der Ostseeprovinzen und als ein Festhalten an den überkommenen Werten aufgefasst werden. Die Existenz und Fortsetzung dieses Festhaltens wird von der umfassenden, vielfältigen Nutzung der Formen der klassischen Ordnung sichergestellt, die den Eindruck der Einheitlichkeit des Gesamtbildes vermittelt. Gefolgt von den als typisch anerkannten Prinzipien der Klarheit und Strenge der Gliederung, Geradlinigkeit, Sparsamkeit der bauplastischen Ausstattung und monumentalen Ruhe behaupten sich im Bereich der Sakralarchitektur die Anwendung einiger ausdrucksvoller Elemente, wie Säulenportikus, Triumphbogen, Ornamente, länger als in der Zivilbaukunst und in der Architektur der Landgüter.

In meinen Forschungen werde ich das Auftreten der Merkmale des Klassizismus verfolgen. Meine Absicht ist auch, einen Überblick über die Kirchen, die hinsichtlich der Planung und Neugestaltung typologisch sind, zu gestalten. Ich werde auch die Tätigkeit einzelner bekannter Architekten im Bereich der Sakralbaukunst darstellen. Dies könnte den Fortschritt der Vielfältigkeit der Individualität oder der individuellen Projektierungspraxis weisen. Der Zweck der Abhandlung ist, durch das betrachtete Material einen möglichst anschaulichen Überblick über die Sakralbaukunst im Rahmen eines Stils zu erreichen. Deshalb darf die konfessionelle Einteilung nicht absolutisiert werden, weil zumindest auf dem Territorium Lettlands, wo sich unterschiedliche politische, religiöse und kulturelle Orientierungen kreuzen und wechseln, das Gesamtbild einem Mosaik ähnelt, dessen Harmonie und Ganzes sich nur in der Unteilbarkeit zeigt. Manchmal dient als bessere Illustration bestimmter Tendenzen die Übersicht der Architektur der orthodoxen Kirchen, und den Durchbruch der weiteren Evolutionskette werden die Beispiele der katholischen und evangelischen

Gebiete ausfüllen. Es ist gesetzmäßig, dass auf dem Territorium, das unter politischen und auch kulturellen Einfluss Russlands geraten war, das Neue zunächst in administrativen Zentren wie Riga und im anliegenden Patrimonialbezirk zum Ausdruck kommt.

Wenn man nach einer Formentwicklung sucht, die im architektonischen Gefühl möglichst frühere Abweichungen klassifiziert bzw. vereinfacht, die auch auf den Prinzipien der Monumentalordnung, auf dem Stützensystem und der asketischen Dekorativausstattung gestützt wurden, können wir die Aufmerksamkeit auf noch in Barocktraditionen gebaute oder umgebaute Kirchen lenken.[2] Der Kunsthistoriker J. Wassiljew hat Schlussfolgerungen gezogen über die Verbindung des Baumeisters N.F. Wassiljew mit F.B. Rastrelli, dessen Technik oder Verfahren der Arbeit und Formgestaltung er entlehnen und schöpferisch in seiner selbständigen Bautätigkeit ausnützen konnte. Als solch rekonstruierte Kirche wollen wir die orthodoxe Kirche des Hl. Alexii in Riga erwähnen, die unter der Leitung des Architekten N.F. Wassiljew aus Petersburg in den Jahren 1751-1761 aus der zerstörten Maria-Magdalenen-Kirche (Abb.1) umgebaut worden ist. Aufmerksamkeit erregen die vom Architekten M. Schons gezeichneten [3] und von J.Chr. Brotze in Aquarell gemalten Abbilder der Kirchenfassaden betrachten [4] sowie die dekorative Ausführung und den Umfang der Kirchenfassade sehen. Der im Laufe des Umbaus verwendete Verputzdekor der Quaderreihen in den Ecken und im Fensterzwischenraum, die verschiedenen Fensterzargen und die eingebogene und ausgeschweifte Form in der Bildung der

---

[2] J. Wassiljew, Klassizismus in der Architektur Rigas. Riga, 1961, S.54-58 (auf russisch).
[3] Ebenda, Abbildungen auf Seite 55.
[4] J. Chr. Brotze, Zeichnungen und deren Bechreibungen. Riga, 1792, S. 387-388.

Turmdächer kann als barockal reich, locker, zerkrümelt charakterisiert werden.

Diese Formen könnten mit dem Einfluss von F.B. Rastrelli und der Architektur seiner Zeit erklärt werden. Doch ist noch eine irgendwie neue Tendenz spürbar, die in der Schloss- und Residenzarchitektur nicht vorhanden ist. Und zwar wird der Fassadendekor nur mit Hilfe der im Putz gestalteten architektonischen Elemente gelöst, wobei die Bogen der einheitlichen Form, Pilaster, Quader und Fensterzargen ohne Variationen die Außenwände der Turm- und Kirchenräume umschließen. Die Seitenfassadenfenster des Gemeinderaumes des Kirchenschiffes sind völlig ohne Dekor gelassen, und als Verzierung kann man nur den Bogenfries und die Pilasterreihe ansehen. Diese Verzierung ist schon einen Schritt näher dem monumentalen Stilgefühl als der barockalen Neigung zur Vielfalt der zerkleinerten Formen. Des weiteren bemerkenswert sind das geneigte Mansardendach mit abgespaltenen Dachspitzen und auch die in der Mitte der Seitenfassade und über dem Altarteil im Dach geformten runden Lukarnen, die als Giebelverzierungen der Stadtgebäude oder als dekorative Elemente der geneigten, breiten Dächer der Landgüter in den Bauten der 70er - 90er Jahre des 18. Jahrhunderts für die stilistische Richtung des sog. Bürgerklassizismus typisch werden. Über dem Seiteneingang ist im Verputz ein Giebeldreieck markiert in den Zeichnungen von Brotze ist ein ellipsenartiges Überlichtfenster fixiert, dessen Häufigkeit der Formennutzung besonders in den weiteren Jahrzehnten des 18. Jahrhunderts zunehmen wird.

Erweiterte Proportionen der klassizisierenden Merkmale spiegeln sich in einer Reihe von Kirchen im Rigaer Patrimonalbezirk und in livländischen Kirchen wider, die sich bis heute in unterschiedlichem Zustand erhalten haben. Die Qualität dieser Gotteshäuser zeigt sehr anschaulich die Tendenz der andauernden Barocktradition in Livland und den Ausdruck des künstlerischen Ausdruckskatalogs, der die Einführung vieler in der vorherigen Stilepoche chrestomatisch gebrachter Formen in die bürgerliche, mehr prunkvolle Ästhetik des Klassizismus mit sich brachte.

Die Kirche von Loddiger/Lēdurga (Abb. 2) ist 1767-1772 erbaut worden und ihre räumliche und dekorative Gestalt wird von der Qualität des Übergangscharakters gebildet. Sowohl die Form der Turmspitze als auch beide Eingangsportale gehören noch zur Barock-Rokoko-Ästhetik, doch in den Dreiecken der Fassadengiebel beider Endteile erscheint ein neues Element - das elliptische Fensterchen. Sowohl die Seitenfassaden als auch die Westfassade sind mit den flachen Pilastern in den Fensterzwischenräumen gleich dekoriert. Die Einführung dieser Pilaster ist eine Tendenz zur Idealisierung der im Klassizismus wieder erstandenen antiken Formen, obwohl noch mit der dem Barock eigenen Verfeinerung. Dafür vereinigen in der Westfassade diese Pilaster sowohl das Erdgeschoss, als auch den Giebel, den Prinzipien der großen fassadenmonumentalisierend Ordnungen folgend. Die Apsis ist mit einem leicht gewölbten Dach überdeckt, allerdings findet eine solche halbzylindrische geometrische Anbindung an das Rechteck des Kirchenschiffes ihre Fortsetzung nur in livländischen Kirchen des Klassizismus. Nach einer, ehrlich gesagt, wenig ausdrucksvollen Kirchenbaukampagne in Livland während der schwedischen Regierungszeit bringt auch Russlands Protektorat wenig bedeutende Aufbesserungen in Hinsicht auf die Baukultur. Die Qualitäten der Baukunst der Kirche zu Loddiger/Lēdurga und der später erwähnten Kirchen bleiben jedoch in dem Geschmacksrahmen des Bestellers und in der Auswahl der Bauentwürfe oder des Meisters, doch das maßgebende Wort bleibt dem weltlichen Patron. In idealen Fällen strebten sie in ihren Gemeinden nach den Rigaer Vorbildern. Das ist durchaus verständlich in direkter Nähe der Stadt, weil die Migration der qualifizierten Meister und das Gebundensein an das Zunftsystem sich durch diese administrativen Zentren vollzog.

So wurde auch für die Bauarbeiten an der Kirche zu Loddiger der aus Masungen im Schwarzwald eingewanderte Baumeister Joachim Bernhardt [5] in Dienst genommen, der im Rigaer Propsteibezirk ähnliche Aufträge auch später bekommen hat. Von ihm gebaute Gotteshäuser verkörpern dann sowohl den Geist der Übergangszeit mit der intuitiven Neigung zur Aneignung neuer Ausdrucksmittel als auch die Unfähigkeit, auf das äußerlich prunkvolle Überlasten mit dekorativen Details völlig zu verzichten. Die Tatsache, dass er ein Meister der verfeinerten Form gewesen ist, beweist die Kirche in Neuermühlen/Ādaži, die 1772-1775 errichtet worden ist [6]. Als Stifter (Gründer?) war hier Justus Wilhelm von Reimersen beteiligt. Ein flaches, leicht gerundetes Deckengewölbe schafft den Eindruck einer ruhigen, gesetzten Innenausstattung, die Fuge zwischen dem Kirchenschiff und dem schmalen Altarraumes ist mit einem graziösen Übergang gelöst worden - die scharfen Ecken werden abgerundet. Es entsteht der Eindruck einer Bühne, einer intimen Alkovennische. Doch dieses komplizierte Formenspiel spiegelt sich gar nicht in den äußeren Ausmaßen der Kirche wider, die im Plan unverändert rechteckig bleibt. Das ist deshalb möglich, weil die Verengung des Altarteiles mit der Gestaltung der inneren Wände erreicht worden ist, so wurde an beiden Seiten Platz für die Hilfsräume und die Sakristei gewonnen.

Die in ihrer äußeren Form sehr anspruchslos gebaute Kirche wurde nur in ihrer Eingangsfassade verschönert: Das klassizisierte Portal hat noch das Motiv des durchgerissenen Barockgesimses beibehalten, aber in den Pilasterkapitellen der ionischen Voluten sieht man die Tendenz zu deutlich. Auch die Eingangstür ist ein Kompromiss zwischen Barock und Klassi-

---

[5] P. Campe, Lexikon Liv- und Kurländischer Baumeister, Bauhandwerker und Baugestalter von 1400 -1850. Bd.I, Stockholm 1951, S. 310.
[6] Ebenda, S. 310. Leider ist die Kirche zu Neuermühlen mehrmals umgebaut.

zismus, aber die Giebelsilhouette zeugt von einer Möglichkeit, die Barockwölbung zu unterbrechen. Alle Fenster, darunter auch die elliptischen, haben im Verputz dargestellte Profilzargen mit dem Schlusssteinmotiv, so auch sehr populär in den Wohnhausfassaden des sogen. „Bürgerklassizismus" [7] in Riga.

Diese Bautraditionen der evangelischen Kirchen mit rechteckigem Grundriss in Livland und in der Umgebung Rigas erhalten sich das ganze 18. Jahrhundert und erleben ihre stilistische Entwicklung ähnlich wie kreuzartige Typen der Gotteshäuser. Als besonders prunkvoll und schon mit völlig herausgebildetem Exterieur im Formgestaltungssystem des Klassizismus kann die Fassade der 1783 eingeweihten Kirche zu Dahlen/Dole [8] aufgefasst werden. So viel wie mit Putz bei der dekorativen Ausstattung der Fassade mit den Elementen eines künstlerischen Stils zu erreichen ist, so viel ist in der prächtigen Außenseite verwendet worden: Eckenquader, Fensterzargen, ein mit Säulen umgebenes Portal, ein mit Voluten ergänzter Giebel der Westseite lockern mit Hilfe des Reliefs die sonst so glatten Wandflächen auf. Auf dem Dachgrat der Eingangsfassade über der quadratischen Basis erhebt sich ein achteckiger Turm mit barockkuppelartig gewölbter Spitze. Auf diese Weise wird auch diese Kirche mit der Formenwelt der vergangenen Zeit verknüpft. So wird durch die Silhouette und das Proportionssystem der ganzen Kirche auf die Kontinuität der livländischen Barocktraditionen hingewiesen. Es darf behauptet werden, dass im dritten Viertel des 18. Jahrhunderts sich die Ästhetik dieses Stils mit gleicher Kraft sowohl in der Sakralbaukunst der Orthodoxen als auch in den Bauten der Lutheraner entwickelte. Nicht ausgeschlossen ist die Tätigkeit dersel-

---

[7] P. Campe, Der Zentralbau in der Sakralarchitektur Livlands vom 17. bis 19. Jahrhundert (auf lettisch): Senātne un Māksla, 1938, No. 2, S. 131-145.

[8] J. Wassiljew, (wie Anm. 2), Abb. auf S. 93.

ben Architekten und Baumeister für die Auftraggeber beider Konfessionen.

In Livland, wo unter dem Einfluss der administrativen Maßnahmen Russland beide Bekenntnisse gut miteinander auskommen sollten, können einige der Sakralkultur beider Konfessionen gemeinsame Merkmale beobachtet werden. Als eines von ihnen möchte ich die Form des orthodoxen Kreuzkuppelkirchenaufbaus nennen, der sich in den evangelischen Gotteshäusern vom sogen. Querkirchentyp ausbildet und in der zweiten Hälfte des 18. und der ersten Hälfte des 19. Jahrhunderts im zentralartigen Bautyp Wirklichkeit zu werden strebt.

Es ist schwer, über bewusst gebrauchte, nur aus dem Erbe der klassischen Architektur entlehnte Formen in der Fassade der in der Moskauer Vorstadt 1774-1778 erbauten Kirche des Hl. Nikolai des Wundertäters, zu reden. J. Chr. Brotzes Zeichnung bietet nur eine vereinfachte Vorstellung von dem mit der Technik des Zimmermanns im Nordteil Russlands gebauten und in der Barockperiode besonders oft anzutreffenden Sakraltyp, der fast keine Stildenotate hat. Nach dem Brand von 1812 wird unweit der untergegangenen Hl. Nikolai der Wundertäter-Kirche eine neue Kirche, Maria-Verkündigungskirche, gebaut, die, denselben Bautyp bewahrend, schon völlig den besten Mustern des Rigaer Klassizismus zugehörig ist. Dr. W. v. Gutzeit bezeichnet diesen Baustil wohl in der Terminologie des vorigen Jahrhunderts als „byzantinisch-moskauisch", [9] jedoch repräsentiert diese Kirche die Verwirklichung des obengenannten Typs mit den stilistischen Mitteln des Empire. Über der Mitte des Schiffes erhebt sich ein Hauptturm, von vier kleineren Türmen umgeben an der Westseite ein höherer, abweichend gebauter Glockenturm und unter demselben befindet sich der Haupteingang. Alle Fassaden sind mit hölzernen Pilas-

---

[9] W. von Gutzeit, Die griechisch-katholische Kirchen Riga's. In: Mitteilungen aus der Geschichte Liv-, Est- und Kurlands. Bd. XI., Riga 1868, S. 479.

tern umgeben, mit Dreieckgiebeln und Friesen ergänzt. Das Innere ist durch eine quer laufende Scheidewand in zwei Abteilungen geteilt. Die vordere enthält zwei Nebenkapellen: rechts die des wundertätigen Nikolaus, links die des Hl. Sergius. Die hintere, größere bildet die eigentliche Verkündigungskirche. Beim Bau einer orthodoxen Kirche aus Stein werden diejenigen Details reduziert, die leicht mit den konstruktiven Mitteln des Zimmermanns geformt werden, jedoch schwerer der Formgestaltung der Ziegel und des Putzes untergeordnet werden können. Aber auch diese Tatsache war kein Hindernis, als die Gouvernementsverwaltung und der Senat beschlossen hatten, in der Provinz eine Reihe von Gotteshäusern für die orthodoxen Christen zu errichten. Und in der zweiten Hälfte des 18. Jhs. kam eine Tendenz zum Ausdruck, eine als gelungen erkannte räumliche Lösung zu absolutieren und mit kleinen Änderungen in mehreren Orten zu wiederholen. So gab 1763 der russische Architekt Pjotr Jegorow mit der Zusammenstellung seines Fünfkuppelkirchenprojektes in Pernau/Pärnu eine der ersten Anregungen zum Bau der orthodoxen Kirchen in der Form antiker Architektur. Nach diesem Prototyp folgten vom Baumeister S. Zöge 1779 projektierte Kirchen in Arensburg/Kuressaare und Dorpat/Tartu, die Maria-Verkündigungskirche in Riga kann dagegen wie eine Übertragung dieses Musters in ein anderes Baumaterial angesehen werden, in ein Material, dessen Eigenschaften gewisse Kompromisse verlangt. Doch strebte der Baumeister nach der Überwindung dieser Einschränkungen und dem maximalen Beibehalten kleiner Einzelteile der Elemente des architektonischen Dekors.

In der Fortsetzung des Themas haben wir eine andere Entwicklungslinie der Sakralbaukunst zu betrachten. Diese Linie beginnt mit den Bedürfnissen der für die Festungsgarnison der Stadt vorgesehenen orthodoxen Kirchen und endet mit einer Reihe der für die Bedürfnisse der ev. luth. Gemeinden gebauten Gotteshäuser. 1776 wurde eine orthodoxe Kirche in der Festung Dünamünde/Daugavgrīva beendet, deren Entwurf ein Architekt aus Petersburg, A.F. Wist, ausgearbeitet hatte.[10] Der Befund des Architekten J. Wassiljew korrigiert P. Campes Schlussfolgerung, die er nach J. Chr. Brotzes Informationen gezogen hat, wonach die Festungskirche in Dünamünde nach Chr. Haberlands Entwurf 1785-1786 erbaut worden ist.[11] Das von J.Chr. Brotze umgezeichnete Projekt[12] zeigt uns eine steinerne Kirche der ausgedehnten länglichen Planung mit leicht vorgeschobenem Querschiff und runder Apsis. Die Zeichnung des Fassadenprofils offenbart einen Kuppelturm mit zylindrischer Basis im Kreuzungspunkt von Quer- und Längsschiff und einen prächtigen zweistöckigen Glockenturm über dem Eingang. Es lohnt sich, die Aufmerksamkeit den dekorativen Teilen dieser Kirche zu widmen, die sich sowohl in der Fassade mit schlanken Pilasterpaaren für die Betonung des Querschiffes und des Turmunterbauteiles äußern als auch in der Verwendung von Pilastern in der Apsis, im Kuppelturm und in der Seitenfassade zwischen den Fenstern sichtbar werden. So wird mit dem Säulenordnungsmotiv der gesamte Bau in einer künstlerischen Gesamtheit vereinigt.

Da die Baupolitik im russischen Imperium vom administrativen Zentrum St. Petersburg aus in reale und manchmal nur nominal genannten Orte in der Provinz geleitet wurde, dürfte dieser Fall mit dem Bau der Festungskirche in Dünamünde wie eine bedeutende Initiative aufgefasst werden. In deren Resultat werden die wirklich hochwertigen Muster, die Stereotypen des neuen künstlerischen Systems zum Zweck des repräsentativen Baues, weitergeführt, sich in der Provinz mit dem besten zu vertreten, mit dem die Metropole sich nur vertreten kann. Es gibt Grund genug zu sagen, dass in diesem Sakralbau alle die-

---

[10] J. Wassiljew, Klassizismus, (wie Anm. 2), S. 110.
[11] P. Campe, Lexikon, (wie Anm. 5), S. 321.
[12] J. Wasiljew, Klassizismus, (wie Anm. 2), S.111.

jenigen konstruktiven, tektonischen und dekorativen Verfahren konsequent angewendet worden sind, die für die Ästhetik des russischen Frühklassizismus charakteristisch sind. Die Absonderung des Attikageschosses im Fassadenoberteil mit einer Reihe von Kleinfenstern, dekorative Vasen auf dem Gesims des Glockenturmes im zweiten Geschoss, die Gestaltung der sogen. Laterne für den Überlichteffekt über dem Kuppelturm - das sind wesentliche Neuerungen, die in der weiteren Entwicklung des Kirchenbaues selbstverständlich als Elemente eingeschlossen werden. Doch der Bau der Einzelkirchen in den Provinzen gewinnt auch eine politische Färbung, was noch mehr die künstlerischen Tendenzen verstärkt. In der Anfangsperiode der Regierung Katharinas II. beginnt der russische Adel aktiv seine Unzufriedenheit mit den Rechten und Privilegien des deutschen Adels in den Ostseeprovinzen zu äußern, als ob Livländer und Estländer im Vergleich mit anderen Gouvernements nicht die gleichen Lasten trügen. Diese Stimmung war für Katharina II. von Vorteil und sie verwirklichte am Ende des 18. Jhs. eine Reihe von Reformen, mit denen die Privilegien des deutschen Adels in den Ostseeprovinzen wesentlich eingeschränkt wurden. Aus dem Mund der Zarin als Anhängerin der zentralisierten Gewalt klingt folgende Phrase völlig logisch und zynisch offenherzig: „Diese Provinzen (es sind Livland und einige Westgouvernements gemeint - O. Sparitis) müssen möglichst schnell russifiziert werden, damit sie aufhören, wie Wölfe auf den Wald zu gucken." [13] 1783 wurde auch auf Livland die Verwaltungsreform von 1775 ausgedehnt, deren Einführung die Ritterschaft langen Widerstand entgegensetzte. Obwohl von der Regierung zu den administrativen und Gerichtsämtern Beamte ernannt wurden, die aus den Kreisen der Ritterschaften kamen, waren sie doch der Kontrolle der zentralen Staatsbehörden und dem Gouverneur untergeordnet. Mit

---

[13] J. Zutis, Die Frage der Ostseeprovinzen im 18. Jahrhundert. Riga 1946, S. 290.

dem Gesetz vom 22. August 1786 wurden die Strukturen der Bundesräte und Kollegien im Verwaltungsrat abgeschafft. Damit wurde Livland ein einfaches Gouvernement, das auf rein bürokratische Weise regiert wurde.

Vor den 1770er Jahren wurde auch die Frage über den Bau einer neuen Garnisonskirche in der Rigaer Zitadelle aktuell. Dafür empfahl der Generalgouverneur Browne aus ökonomischem Ermessen den Entwurf von A. F. Wist für den Bau der Festungskirche in Dünamünde, nur mit entsprechender Erweiterung, damit die Kirche die größere Zahl der Gemeindeglieder aufnehmen könnte.[14] Die Initiativen für den Bau der Kirche wurden erweitert, und 1781 erfasste der Generalgouverneur mit diesen Aufgaben auch die Notwendigkeit einer neuen orthodoxen Kathedrale. Im Briefwechsel mit dem Petersburger Senat wird schon der Name des im Rigaer Ingenieurkommando dienenden Architekten Siegmund Gottlieb Leberecht Zöge von Laurenberg als eventuellem Kandidaten für das Amt des Projektleiters des Sakralbaues genannt. Deswegen werden zusätzliche Mittel verlangt, und mit dem Beschluss des Senates vom 31.05.1782 wird diese Forderung erfüllt. Die Schlussfolgerung des Kunsthistorikers J. Wassiljew ist eindeutig: den positiven Beschluss dürfte man nach der langjährigen Ignoranz mit der Vorbereitung zu den Reformen in Livland erklären. In diesem Kontext wird die in der Zitadelle zu bauende Kathedrale nicht nur wie ein Kulturbau geplant, sondern auch als ein Monument für die Reform in den Ostseeprovinzen, deren ideologischer und politischer Zweck die Bestätigung der Stärke der zentralistischen Macht ist.

Als Ergebnis haben wir jetzt die Kirche zu Ehren des Hl. Peter und Paul (Abb. 3), sie wurde am 3. Januar 1786 geweiht. Allerdings haben wir kein Bauprojekt - der Entwurf von S. Zö-

---

[14] Aus dem Brief des Generalgouvernements Graf Browne vom 25. 04. 1780 an den Senat. - In: Zentralarchiv für Geschichte Estlands, Fonds 291, Verzeichnis 1, Aktendeckel 1303, Seite 21.

ge ist noch nicht gefunden, aber in der Zeit der intensivsten Bauarbeiten wird Chr. Haberland zum Bauaufseher ernannt.

Doch ist das Resultat eine Summe der Komponenten, die Synthese der Stilelemente und des individuellen Stils mehrerer Autoren im Geist der Muster der entsprechenden Zeitepoche. Die Festungskirche in Dünamünde (Arch. A. F. Wist) hat in diesem Fall als Anreger der räumlichen Aufteilung und der Ansicht des Gebäudes gedient, sie hat auch das Vorbild für die Einteilung der Glockenturmstockwerke gegeben. Seinerseits konnte S. Zöge sich, als er die proportionale und Unterbaukonzeption der Kathedrale plante, von den in den Ostseeprovinzen schon gebauten und zugelassenen Kirchen zu Arensburg, Pernau und Dorpat beeinflussen lassen. Solche „Massenauflage" schon einmal akzeptierter Entwürfe mit unbedeutenden Variationen ist nichts Außergewöhnliches in der Architekturpraxis des 18. und 19. Jahrhunderts.[15]

Im Prozess des Baugeschehens ist die wichtigste Person - Chr. Haberland - der Bauaufseher und zugleich auch der Architekt, der jedoch kein Recht hat, irgendwelche eigenmächtigen Änderungen einzubringen. Doch nennen mehrere deutschbaltische Quellen direkt ihn als Autor der Peter-Paul-Kirche. Die Entwicklung der selbst beaufsichtigten Kirchenbauten mitmachend, geht Chr. Haberland ohne Zweifel durch eine Entwicklung des Reiferwerdens als Fachmann und Architekt. Die finanzielle Basis und die ideologischen Aufgaben des Baugeschehens eröffnen ihm solche Möglichkeiten, in denen er die Baukultur vollkommen verwirklichen kann und die ihm später

---

[15] Wir können den Baumeister J.G.A. Berlitz erwähnen, der im Dienste der Grafen von Medem war und alle seine Bautätigkeit unter dem Einfluss von Entwürfen von G. Quarenghi vollzogen hat. Beim Bau des Schlosses zu Mesothen für Gräfin von Lieven nach Quarenghis Zeichnungen hat er die Formen und Methoden des berühmten Meisters bewältigt und künftig endlos wiederholt und variiert.

in seinen eigenen Entwürfen nie zu wiederholen oder zu überholen gelingt.

Im Stadtbild von Riga spielt die Peter-Paul-Kathedrale eine wichtige Rolle. Mit ihrer Spitze des Glockenturms beginnt die Silhouettenreihe der Stadttürme und gleichzeitig dient dieser Turm als Dominante im Zitadellenkomplex. Hier ist eine Assoziation mit der analogen Situation in der Peter-Paul-Zitadelle zu St. Petersburg am Platze, wo die von D. Trezini erbaute Kirche als Grabeskirche des Kaiserhauses und als Kathedrale zum Vorbild in den Provinzen genommen wurde.

Es ist schwer, den Regeln des Klassizismus entsprechende hohe und schlanke Gotteshäuser zu errichten. Das kommt daher, weil die „antizisierten" Vorstellungen nicht die in der Landschaft dominierenden, sondern mit der Landschaft harmonisierenden, in der Landschaft sich einordnenden Umfänge die Idealvorstellungen waren. Vernünftige Proportionsverhältnisse, kühle Zurückhaltung und Edelmut waren mit der Schlichtheit im Ordnungsgebrauch mit Umfang und Stockwerken, mit der logischen Klarheit im Aufbau der Fassaden, der Ebenen sowie auch der Giebel und der Dächer zu erreichen.

Diese Prinzipien haben auch gedient, die Gestalt der Peter-Paul-Kathedrale zu bilden.

Der Entwurf der Peter-Paul-Kathedrale sah die griechische Kreuzform vor, mit vier Pilastern ausgestattete Eingangs- und Seitenportiken, die alle mit den dreieckförmigen Giebeln abschließen. Diese Formen erlauben, die Kirche mit dem daneben gebauten Hauptquartier des Kommandanten zu koordinieren. Der Kirchturm entspricht ideal dem gleichmäßig kleiner werdenden Proportionsgebrauch in der Baupraxis. Alle sechs Turmgeschosse bildenden Bestandteile ordnen sich aufeinander, bald den Quadratplan wiederholend oder variierend, bald in Zylinder übergehend, bald in der Konusform schließend. In ihm, wie in den Architekturanalysen von Vitruvius spiegeln sich sowohl die Ästhetik der Ordnungskonstruktion, als auch künstlerische Aspekte des Gebrauchten wider. Zusammen mit dem Turm, als aussagekräftigstem Bestandteil des Gotteshauses, widerspiegelt der Pilasterdekor auf den Turmstockwerken die stabile konstruktive Natur des ganzen Baues, die Details der bestimmten Maßstäbe und der bestimmten Form in die Umfänge der geometrischen Stockwerke einbringend. Diese Einzelteile bestimmen dann auch zusammen mit dem betonten Gesims, dekorativen Vasen, mit dem Wechsel der Putzfaktur und den dekorativen Details eine starke künstlerische Wirkung. Dabei ändert sich in der Richtung nach oben im Dekor der Turmstockwerke mit den Pilastern allmählich der Gebrauch der Ordnung in klassischer Reihenfolge: das erste Geschoss ist ebenso wie die Portiken des Querschiffes in der dorischen Ordnung gefertigt; im zweiten Geschoss sind in Paaren gruppierte Pilaster mit den Kapitellen der ionischen Ordnung mit Voluten gekrönt, im dritten Geschoss wird die Formenleichtigkeit mit den Pilastern der korinthischen Ordnung illustriert. Solches aufeinanderfolgende Pilasterordnen in Stockwerken, den vertikalen Linearismus der Ordnungskonstruktion fortsetzend, hilft die Illusion zu schaffen, dass der Glockenturm wesentlich höher als in Wirklichkeit ist.

Im Innern der Kathedrale ist der ausdrucksvollste Teil die Kreuzkuppelkonstruktion, die auf den Verbandsecken des Längs- und Querschiffes gebildet wird. Die Ecken dienen als Stütze für vier Rundbogen, über denen eine runde, sphärische Kuppel mit einer Öffnung in deren Zentrum realisiert ist. Über dieser Öffnung, ohne irgendwelches Stützsystem, nur die konstruktiven Festigkeitsgrenzen der Kuppelsphäre beachtend, ist ein hoher Zylinder errichtet, der über dem Dach einen Turm bildet, der seinerseits noch von einem kleinen Überlichttürmchen, Laterne genannt, ergänzt wird. Dieser konstruktive Kunstgriff ist eine Novität in der Architektur Lettlands (der Ostseeprovinzen) und gibt die Möglichkeit, eine effektvolle Überlichtquelle auszunützen. Zugleich steigert diese Novität von der Sicht der Kathedralinnenausstattung her noch das notwendige feierliche Erlebnis. Nach der Restaurierung in den 1980er Jahren ist dieser Kuppelteil leider durch die einstweilige Decke verdeckt.

Der Kathedralbau wurde 1785 beendet. Dieses wurde mit einer politischen Tatsache koordiniert und zwar mit der Einführung der „Ordnung der Stadt Riga". Diese Satzung schaffte die Einteilung der Hausbesitzer in privilegierte Deutsche und nicht privilegierte „Undeutsche" ab. Damit wurden für Russen sowie für Letten gleiche Rechte für den Erwerb des Bürgerrechtes eröffnet. Es entstand die Möglichkeit, nicht nur für Deutsche, sich mit Handwerk und Handel zu beschäftigen. So wurde die Festigung der einheitlichen Staatsideen in den Ostseeprovinzen sowohl in der Rekonstruktion des Palastes des russischen Gouverneurs und der Zitadelle als auch im Bau der Peter-Paul-Kathedrale verkörpert. Diese Initiative sollte dann auch wie ein Denkmal des Gleichschrittes in der Monarchie Katharinas II. mit den Umwandlungen der Aufklärungsepoche dienen, gleichzeitig scheinbar auf die progressiven Ideen des Zeitalters reagierend, doch in derselben Zeit die staatliche Einheit der Metropole und der Provinzen zementierend.

Wenn wir uns an den Beitrag der verschiedenen Bekenntnisse in der Entwicklung des Klassizismus erinnern, was den Bau und die Rekonstruktion der Kirchen anbelangt, darf man die Kirche der schmerzensreichen Muttergottes am Ordensschloss nicht umgehen. Nach der Reformation konnten Katholiken nur sehr langsam die Positionen für ihre Konfession erringen und erst 1761 über dem zugeschütteten Festungsgraben eine neue, kleine Holzkirche errichten.

Sie wurde 1783 abgetragen. Bis 1785 wurde hier eine neue, diesmal gemauerte Kirche gebaut. Die Mittel für den Bau wurden in Litauen und Polen gesammelt. Vielleicht deshalb mangelt es an Informationen über den Architekten und Baumeister.

Übrigens war es nicht üblich, in der geistlichen Ordensstruktur der Katholiken über das Geschaffene zu prahlen.

Doch ist zu erwähnen, dass in dieser Zeit eine Kirche im Stil des Klassizismus gebaut worden ist, die mit der Altarapsis traditionell nach Osten gerichtet ist. Doch bemerkenswert ist die Fassadengestaltung am Ostende geworden, sie öffnet sich völlig in Richtung des Schlossplatzes. Die Baupraxis von Christoph Haberland hat in großem Maße die rings um den Schlossplatz liegenden Gebäude bestimmt. Deshalb wurde auch dieser Kirchenfassade viel Aufmerksamkeit geschenkt. Mit im Putz geformten Kanten, die in die Ebenen der poligonalen Apsis aufgenommen werden, wurde ihnen eine der Einfassung ähnliche Einrahmung zugesprochen. Rings um die Fenster wurden die Zargen geformt, aber die mittlere Apsisfläche wurde wie eine Nische in denselben Proportionen wie die Fenster gehalten.

Über dieser Nische erhebt sich über dem barockal gewölbten Apsisdach ein kleiner klassizistischer Giebel mit ovalem Fenster, mit Voluten der gebrochenen Konfiguration und mit im Putz geformten Festons als Einrahmung. Ein untraditionelles, achteckiges Türmchen erhebt sich über dem Apsisdach und dem Endgiebel. Dieses Gebäude ist zu Beginn der aktiven Tätigkeit von Chr. Haberland entstanden, und es ist der Bautechnik dieses Architekten ähnlich. Doch wir dürfen keineswegs voreilige Schlüsse über die Autorenschaft ziehen, umso mehr, da kein Entwurf und kein Bau für sich selbst nach den Umbauten von 1859 erhalten ist.

Die Tendenzen der Kunst kennen keine konfessionellen Schranken, und so kann eine gefundene Formensumme erfolgreich noch mehrmals ausgenützt werden.

Zwischen Riga und Petersburg war der Geheimrat Otto Hermann von Vietinghoff oft unterwegs als ein bedeutendes Beispiel für wohltätiges Mäzenatentum und einen Auftraggeber von hochwertigen Bauarbeiten. Er engagierte den jungen

Architekten Christoph Haberland und in kurzer Zeit entstanden als Ergebnis dieser Zusammenarbeit eine Reihe der für Livland bedeutenden Bauten: die Musse oder das Theaterhaus in Riga, Wohnhäuser, auch in Riga, die Orangerie und die Kirche in Marienburg/Alūksne. Doch ist die Autorenschaft von Haberland an den Projektarbeiten der Marienburger lutherischen Kirche nur eine indirekte Schlussfolgerung, es gibt keinen mit Dokumenten belegten Beweis. Doch es gibt zu viele direkte Parallelen und Entlehnungen, die kein anderer Baumeister außer Haberland, der wirklich nach Marienburg eingeladen wurde, so genau und präzise von der Peter-Paul-Kathedrale hätte übertragen können, auf diese Weise die prunkvolle bürgerliche Architektur aus Dresden, wo die erste Bildungsetappe des Rigaer Architekten stattgefunden hatte und deren Gestalter Fr. A. Krubsacius, Jean de Bodt und Zacharias Longelune die Anreger von Chr. Haberland gewesen sein dürften, übertragend. Die Tätigkeit am Bau der Peter-Paul-Kathedrale kann als Leistung seiner Entwicklungsreife aufgefasst werden. Sie gab auch praktische Fertigkeiten und übte das Gefühl der Formenzusammenstellung.

Die Kirche zu Marienburg (Abb. 4) wurde zwischen 1781 und 1788 erbaut, wobei die mit der Peter-Paul-Kathedrale gemeinsamen Turmproportionen, Fensterformen und Detailgliederungen wiederholt werden. Nur die pyramidale Spitze wird durch eine kleine Kuppel ersetzt, deren Idee aus dem Querschiff der Peter-Paul-Kathedrale entlehnt sein könnte. Auch der Plan dieser Kirche ist die Kreuzform, nur was in der Peter-Paul-Kathedrale das Querschiff mit Pilasterdekor in den Formen der dorischen Ordnung schafft, markiert in Marienburg der außerhalb der Seitenfassade vorgeschobene Portikus der dorischen Säulen.

In Wirklichkeit hat die Kirche zu Marienburg eine monographische Übersicht verdient, weil dieses selbstständig gebaute Gotteshaus in der schöpferischen Lebensbeschreibung von Chr.

Haberland zu einer „Mutterkirche" einer Reihe der vereinfachten Nachbildungen geworden ist und im Laufe des Baues gefundene Ausstattungselemente erfolgreich in späteren Bauten variiert wurden. Ein ungewöhnlicher und gelungener Effekt scheint auch das Heranziehen der Granitfeldsteine zur Vergrößerung des Farbenkontrastes zum verputzten Turm zu sein. Fensterzwischenräume in den Fassaden werden mit Granitpilastern abgetrennt und ebensolche Pilaster teilen periodisch die zylindrische Außenwand der Altarapsis. In den Giebeln der Ost- und Westfassade des Kirchenschiffes kommt noch die barockale Idee zum Ausdruck, die die Gebäude monumentalisiert, doch deren Wölbungsgestaltungen wiederholen die wellenartigen Formen. Für diese Kirche ist die Proportion des hohen Mansarden-Ziegeldachs erfolgreich gefunden, die, da der Kuppelturm fehlt, für sich einen ästhetischen Wert darstellt. Der Umfang der Apsis bildet eine ausdrucksvolle Gestalt der klassizistischen Architektur. In den Nischen der Eingangfassade sind Büsten von Aristoteles und Plato eingesetzt.

Für die Innenausstattung hat Chr. Haberland die Hilfe des in Livland arbeitenden böhmischen Stuccomeisters Karl Kolopka ausgenützt, der in Putzplastik ein Gesamtbild des architektonischen Dekors realisiert hat. Die Decke des Kirchenschiffes wird durch ein schwerfälliges, profiliertes Gesims mit Zahnleiste gesenkt, die breite Deckenebene wird optisch durch einen dekorativen Segmentfries verkleinert. Die Wände sind in taktmäßigen Intervallen durch Paare kanellierter ionischer Pilaster geteilt. Symmetrisch zum Säulenportikus in der Außenseite sind in der Innenseite des Kirchenschiffes die Wände mit ionischen Pilastern geschmückt, zwischen denen in den Nischen dekorative Blechvasen untergebracht sind. Auf solche Weise hat der Autor mit Hilfe der architektonischen Bildwerkelemente und dem Wechsel der räumlichen Details das komplizierteste Gebilde der Sakralarchitektur in Livland geschaffen.

Nur als Repliken sind die vereinfachten Übertragungen der Gestalt dieser Kirche in den evangelischen Gotteshäusern in Sunzel/Suntaži 1780-1782 und der ungefähr in derselben Zeit gebauten Kirche in Werro/Võru (Estland) zu bewerten.[16] Äußerlich dürften sie als „Zwillingskirchen" charakterisiert werden. Die Identität der Bildung der Westfassade ist absolut: Portikus, Nischen, Eckenquadern, Anordnung der Fensteröffnungen und die proportionale Gliederung des Turmes. Werros Kirche als Stadtgotteshaus hat den im verputzten Mauermaterial gebauten Turm, in Sunzel sind dieselbe identische Silhouette, Stockwerkplanung, die Bildung des Gesimses, Ecken und Fensteröffnungen über dem quadratischen Fundament in Holzkonstruktion gestaltet worden. Man kann annehmen, dass der Einfluss der Turmspitze der Rigaer orthodoxen Peter-Paul-Kathedrale so weit reicht. Die Analogien des räumlichen Ausbaus des Altarteiles beider Kirchen sind auch leicht vergleichbar, so im rechteckigen Baukörper mit ausgebuchteter Querwand, die die Apsis imitiert, hinter dieser sich jedoch die notwendigen Hilfsräume befinden. Diese Ähnlichkeit überrascht auch in der Gestaltung des Altarteiles der Kirche zu Dahlen, wo hinter der aufgemachten Wand die Sakristei eingerichtet ist. Es ist bei der Suche nach Analogien auch leicht zu bemerken, dass die Seitenfassaden der Kirche zu Sunzel, und zwar ihre Fensteröffnungen, Proportionen und die Aufmachung der Außenfassade des Altarteiles der Dahlenschen Kirche ähnlich sind. Doch es mangelt an dokumentarischen Verweisen, dass auch diese Kirche (Dahlen) Chr. Haberland zugeordnet werden kann.

 Solch indirekter Beweis sind auch die Türme zweier livländischer Kirchen. Paul Campe erwähnt, das Christoph Haberland den Turm für die Kirche in Sissegal/Madliena gebaut hat.[17] Der Turm, gebaut 1783 vom Maurer M. Koslowski und

---

[16] P. Campe, Lexikon, (wie Anm. 5), S. 323.
[17] P. Campe, Lexikon, (wie Anm. 5), S. 324.

seinem Gesellen Meier, stürzte zusammen, doch wurde er bis 1789 wieder neu gebaut.[18] So sehen wir in der Einteilung dreier Stockwerke bekannte Proportionen, Gesimseinfügungen, Rundbogenformen in den Fensteröffnungen und ein schon stereotyp gewordenes „Uhrenfenster" oder eine Nische unter dem entsprechend gewölbten Gesims. Der dritte Stock des Turmes ist wie ein Viereck mit abgespaltenen Ecken entworfen, über dem sich eine niedrige, gebrochene Silhouette und eine gewölbte Turmspitze erheben. Die Turmfassade wird durch ein Portal mit flachen Pilastern proportioniert, aber das Motiv des Rundbogens in Kombination mit Pilastern, mit gewölbten, rechteckigen und profilierten Formen in Gesimsen, in Kanten und Zargen gibt eine für Haberland charakteristische Kombination des Dekors. Dieser Typ, nur ohne direkte Hinweise auf den möglichen Autor, ist auch im Bau der Kirche zu Lösern/Liezere realisiert (begonnen um 1789). Man kann die eventuelle Teilnahme von Haberland am Entwurf auch dieser Kirche annehmen. Und von hier ist es nur ein Schritt bis zur Gründung der visuellen und künstlerischen Gestalt der Fassade der Kirche des Hl. Johannes in Walk/Valga (Estland). Doch zuerst ein Absatz über den Werdegang der Konzeption der räumlichen Gestalt der Kirchen.

Um die Mitte des 18. Jhs. siedelt sich im Baugeschehen von Livland und Kurland ein eigentümlicher Planungstyp der evangelischen Gotteshäuser an - der Zentralbau in der Form des plattgedrückten Rechteckes mit den abgespaltenen Ecken bzw. ein irreguläres Oktogon (Achteck). Diese Veränderungen in der Lösung der Raummaße des Kirchenschiffes kamen als ein Widerhall auf die Musterzeichnungen der Idealentwürfe der protestantischen Kirchen, die vom deutschen Architekturtheoretiker Christian Sturm (1669-1729) am Anfang des 18. Jahrhundert zusammengestellt und herausgegeben worden waren.

---

[18] A. Mezaks, Die Gemeinde von Sissigal-Altenwoga in Vergangenheit und Gegenwart. (auf lettisch) Madliena 1938, S.73-74.

Nach seiner Annahme entsprechen Gotteshäuser mit T-artiger, ovaler, runder oder vielfältiger Form am besten dem Wesen des evangelischen Gottesdienstes mit dem Akzent auf dem rationalen Anhören der Predigt. In den Gotteshäusern solcher Formen wäre der Altar nicht an der Wand des schmalen Endes untergebracht, sondern an der entsprechend orientierten Seitenwand bzw. an der längsten Wand des Oktogons, aufgestellt. Die Gemeinde säße wie im Amphitheater oder Anatomicum im Halbkreis oder mit den Bänken in der Längsrichtung des Raumes orientiert. Damit befände sich der Pastor in der Mitte der Gemeinde. Dieser Konzeption entsprach auch die neue Altarkonstruktion, die in sich auch die Kanzel vereinigte. Solche Planungstendenzen äußerten sich im 18. Jh. in der räumlichen Planung der livländischen Kirchen aus der schwedischen Zeit, als besonders viele T-artige oder kreuzartige Gotteshäuser aus Holz gebaut wurden.

Bis zu Christoph Haberlands Experimenten in diesem Bereich ist die evangelische Kirche von Spahren/Spāre in Kurland erwähnenswert, um 1780 erbaut, auch die Dreifaltigkeitskirche im alten Feldhospital an der Roten Düna (erbaut aus Holz 1750-1755) und die noch in der Rigaer Vorstadt 1779-1781 aus Holz erbaute Kirche der Hl. Gertrud.[19] (Abb. 5) In Deutschland bekamen die Dächer solcher Gotteshäuser gewöhnlich einen sogen. Dachreiter-Turm. In den Holzkirchen von Kurland und Livland war dies ebenfalls ziemlich oft der Fall. Doch eine ausreichende Menge an guten Handwerkern, Rohholz und einem gewissen „Provinzialismus" mit der Neigung, Holzkirchen „so wie aus Stein" zu bauen, schaffte die Fälle, in denen mit Balken, Brettern und Planken eine Fassadenaufmachung erreicht wurde, die dem Steinbau ähnlich war. Es wurde buchstabengetreu der Gestaltung, Konstruktion, dem Umfängen und der Planungsweise der Steinarchitektur gefolgt. Nach dem Oktogonalplan der Kirche der Hl. Gertrud war der Turm in der

---

[19] P. Campe, Zentralbau, (wie Anm. 7), S. 138-139

Mitte der verlängerten Längswand angebaut und der Eingang in die Kirche führte durch ihn hindurch.

Der Kanzelaltar befand sich direkt dem Eingang gegenüber, in der Mitte der zweiten Längswand. Die Bauzeit dieser Kirche stimmt mit dem Beginn der Tätigkeit von Christoph Haberland überein, doch man kann sich nicht auf die Annahme stützen, dass alle in dieser Zeit errichteten Kirchen unter seinem intellektuellen Einfluss standen. Die gleiche Zeit schafft gleiche Formen, und die St. Gertrudkirche ist schwer direkt mit Haberlands Sakralbauten zu vergleichen. Hier ist die Kirchenfassade in zwei Stockwerke geteilt, wobei der zweite Stock räumlich mit der Verengung gebildet ist. Aufeinander abgestimmt untergebrachte Fensteröffnungen sind im ersten und zweiten Stock mit schlanken, flachen Pilastern in Höhe des ganzen Stockwerkes abgetrennt. Die Eingangstür unter dem Turm wird durch ein völlig in den Barocktraditionen gebautes Portal geschmückt. Doch Chr. Haberlands Handschrift nächste Entsprechungen können im Turmbau gesehen werden. Zwei Pilasterpaare wie Lizenen verlängern visuell seinen vertikalen Gegensatz zu der massiven horizontalen Baumasse des Kirchenschiffes. Im oberen Teil des Turmes erscheint dann die in der Mitte des Gesimses eingefügte „Uhrenfensternische". Sie befindet sich in Kombination mit der oktogonalen Planform des dritten Stockes. Die Glockengalerie ist eine verengte Konstruktion des Laternentyps mit kuppelartigem Dach und Balustrade. Den gesamten visuellen Eindruck einschätzend kann man folgern, dass hier die für Schlesien und Sachsen charakteristischen Traditionen der barocken Querkirchenplanung und Silhouette die Entwicklung der regionalen klassizistischen Tendenzen stark beeinflusst haben. Diese Tatsache wird durch die nach oben verengte Fassade bestätigt. Ebenso wird dies durch den verengten und mit einem Zwischengesims geteilten zweiten Stock der Kirche bestätigt. Dieses Stockwerk sieht einer Mansarde ähnlich, wie das Dach der Kirche des Hl. Johannes in Walk. Sie ist ohne Zweifel ein Werk von Christoph Haberland und zeigt am ehesten die ähnlichen proportionellen und stilistischen Parallelen mit der St. Gertrudkirche in der Vorstadt Rigas. Die evangelische Kirche zu Walk (Abb. 6) ist um 1785 entworfen und 1787-1789 errichtet worden, der Turmanbau wurde auf eine spätere Zeit verschoben, deshalb wurde die Kirche erst 1816 geweiht.[20] Im Plan als ausgedehnter Oktaeder vorgesehen, mit dem der längsten Wand angebauten Turm, durch den die Gemeinde das Gotteshaus betritt, wiederholt diese Kirche die rhythmisierte Gliederung der Fassade mit Pilastern zwischen den Fenstern, wie das in Haberlands Bauten ähnlich ist. Hier wird ein Prinzip realisiert: über den großen Fenstern wird ein elliptisches Fensterchen in die Turmfassade eingebaut und rechteckige in andere Wandflächen. Die Ecken des Gebäudes sind mit Rustika ausgestattet, aber in den drei Stockwerken des Turmes wird ein Prinzip sichtbar: über dem massivsten Stockteil den nächsten viel leichter zu gestalten, bald feiner, was den Gebrauch der Ordnungselemente anbelangt, bald mit der abgespalteten Eckenform in dritten Stock. Das Spiel mit den Formen in der St. Johanniskirche setzt sich weiter auch im Kontrast der Dachformen fort. Das Dach des Kirchenschiffes, bis zum Mansardengesims gewölbt und weiter wie eine flache Pyramide gebaut, ist ein typisches Beispiel für Haberlands niedrige Dächer, aber die Turmspitze vereinigt in sich sowohl die abgespalteten Ecken wie in der Kirche zu Sissegal als auch die Schlankheit aus den Kirchen zu Sunzel und Werro. Was die Innenausstattung anbelangt, hat sich der Autor nicht so streng daran gehalten, den begrenzten Raum des Oktaeders zu wiederholen, er hat das gekonnt in die Form der Ellipse geändert. Auch die Aufstellung des Altars und der Bänke ist hier für Querkirchen nicht charakteristisch. Die Bänke sind

---

[20] P. Campe, Lexikon, (wie Anm. 5), S. 325.; E. Kiplops, Die Gemeinden und die Kirchen in der Heimat. (auf lettisch) Verlag der evangelischen Gemeinden USA, 1987, S. 224-225.

auf dem Hauptgang in Richtung des Altars ausgerichtet, der sich am schmalsten Ende der Ostwand befindet.

Konsequenter verwirklicht Haberland das räumliche Prinzip der Querkirche im Ausbau der Steinholmer/Katlakalns Kirche, erbaut 1791-1794[21]. Mit diesem Gebäude fügt er seiner prächtigen, reich geschmückten Fassadenästhetik eine neue Qualität - die Empirequalität - hinzu, die von C.N. Le Doux und von den Beispielen aus der französischen Revolutionszeit inspiriert ist. Während der Projektierungsarbeiten an der Kirche in Steinholm konnte der Architekt ziemlich adäquat das Muster der von Chr. Sturm empfohlenen Rundkirchen nachahmen. Mit ihrem Standort am Ende der mit Kiefern bestandenen Düne, auf einer Halbinsel am Dünaufer, wird die Kirche in die Landschaft eingeschlossen, proportioniert mit dem Uferschattenriss, ohne eine prätentiöse vertikale Dominanz zu schaffen. Die Kirche ist wie ein Zylinder geformt, der mit der Ziegelkuppel überdacht ist, die sich auf die Außenwand stützt und den ganzen Raum mit einer grandiosen Halbkugel überdeckt. Mit diesem Gebäude hat der Architekt in die traditionelle regionale Sakralarchitektur eine neue Gestalt eingeführt, die zum Pantheon in Rom ein Seitenstück bildet. Nur die Proportionen sind niedriger, schwerfälliger. Die riesige Kuppel des sphärischen Daches scheint massiv zu sein und die zylindrische Wand niederzudrücken. Doch gegenwärtig sind der visuelle Eindruck und die konstruktive Gestaltung reduziert, weil sich in der Spitze ursprünglich ein Laternentürmchen befand. Es wurde um 1910 weggeschafft. Damit wurde der Silhouette der Kirche ein Teil ihrer Grazie und Leichtigkeit genommen. Ungeachtet dessen hinterlässt die Kirchenfassade nicht den Eindruck der Monotonie, weil der Bau mit vier Portiken ergänzt worden ist, die die zirkuläre Planungsweise scheinbar der Idee des regulären Kreuzes nähert.

---

[21] P. Campe, Lexikon, (wie Anm. 5), S. 325.

Der nach Osten gerichtete Portikus ist verlängert und dient als ein kleiner Sakristeiraum. Von dort führt die Stiege zur Kanzel, die sich vor dem Umbau über dem Altartisch befand.

In der Kirchenplanung hat Haberland für das Interieur der Kirche zu Steinholm (Abb. 7) eine originelle Lösung gefunden. Die Bänke sind im Halbkreis um das Altargitter aufgestellt. (Abb. 8) Die Wirkung eines Amphitheaters wird hier vollkommen erreicht. So wird die Möglichkeit geschaffen, aus jedem Sitzplatz gleich bequem den Kanzelaltar zu übersehen. Man kann sagen, dass mit diesem Gotteshaus die Evolution der rotundetypartigen Sakralbauten begonnen wurde. Die Vollendung dieser Art bezieht sich auf die Empirezeit und auf die Erneuerungskampagne der Rigaschen Vorstädte nach dem Brand vom Jahre 1812.

Bei dem Zusammenstellen der Erneuerungsprojekte 1813-1814 und bei den Vermessungen der Grundstücke zeichnet der Landmesser Georg Rink zwischen den neuerbauten Gebäuden schon die Silhouette und die Fassadedetails der Jesuskirche ein, die völlig dem später errichteten Bau entsprechen. Daraus lässt sich der Schluss ziehen, dass unter der Leitung des Gouvernementsarchitekten K.F. Brettkreuz schon in den ersten Nachkriegsjahren eine intensive Erneuerung des niedergebrannten Stadtteiles nach den in Petersburg herausgegebenen und standardisierten Entwürfen vollzogen wurde.

Für den 1. Januar 1814 werden in der Vorstadt bereits 245 neuerbaute Häuser gemeldet[22], davon 37 zweistöckige. Die ausgesprochen klassizisierte Bebauung sah gleichzeitig vor, die Sakralbauten einzuschließen, was auch schnell geschah. 1818-1822 wurde unter K. F. Brettkreuz und nach seinem Projekt für die lutherische Gemeinde in der Moskauer Vorstadt die Jesuskirche erbaut (Abb. 9).[23] Der Platz für die Kirche ist in

---

[22] Über den Wiederaufbau der Rigaschen Vorstadt. - Ztg. Rigasche Blätter. No. 5, 3. Februar 1814.
[23] P. Campe, Lexikon, (wie Anm. 5), S. 36.

der Mitte der Kreuzung zweier Straßen vorgesehen, und da bei den Projektarbeiten an die akzentuierte Vollendung der Straßenperspektive durch niedrige Bebauung gedacht wurde, so konnte diese Notwendigkeit den Architekten anspornen, den kreuzartigen Plan der Kirche so zu richten, dass stark vorgeschobene Risalite mit den Pilastern der großen Ordnung oder mit den Säulen die Perspektive jeder Straße schließen. Seinerseits kann diese ohne besondere Schwierigkeiten in der kreuzartigen Planungsweise die in der Holzbau-Konstruktion zu bauende Kirche in eine oktaedrige Konzeption lenken. Das Ergebnis ist dann das Gotteshaus der zentrischen Komposition mit dem monumentalen Turm und Säulenportikus, die in Richtung des Stadtzentrums gerichtet sind. Das Kirchenschiff ist ein regulärer Oktaeder, der mit der von acht Säulenpaaren gebildeten Rotunde abschließt, auf die sich die sphärische Deckenkuppel (um 20 m Durchmesser) stützt. Der Kirche liegt ein kreuzförmiger Grundriss zugrunde, in den Sakristei, Kanzelei und Eingangsvorhalle durch verlängerte Risalite einbezogen sind. Hinter den massiven Außenwänden verbirgt sich eine spielerische, scheinbar lyrische Innenausstattung und lässt die schlanken ionischen Säulen den großen Innenraum verkleinern und den scharfen Wändebruch des Oktogones mit Hilfe des Überganges zu dieser eingebauten Rotunde und mit der Kuppel über ihr mildern.

Bei der Fassadenausstattung erreicht K. F. Brettkreuz mit Anstrich, Bretterverschalung, Gesims, Fensterzargen und Sandrikus den Verputzeindruck. Die Anwendung solch billiger, doch stilistisch angleichender Baupraxis wurde in Petersburg 1808-1811 für die russischen Reichsstädte vorgesehenes Idealprojekt. In unserem Fall mit der Jesuskirche hat der Baumeister K. F. Brettkreuz schöpferisch ihm gestattete Konstruktive und dekorative Elemente ausgenutzt, um eine interessante Variation über das Thema der Empirebaukunst zu gestalten. In diesem Schaffen hat ihm eine Reihe von Mitarbeitern geholfen, die die notwendige Qualität gewährleistet haben; Bauunternehmer K. Fr. Bornhaupt,[24] Maurer J.D. Gottfried,[25] Bildhauer A. A. Haacke,[26] Zimmermann F. Bahrd[27] und nach dem Tode K. F. Brettkreuz beendete der Gouvernementsarchitekt Johann Peter Krieck aus Mitau seinen Entwurf.[28]

Von der Empirearchitektur der Rigaer Vorstädte mit der zentralbauartigen Planungsweise und der Annäherung an die Idealentwürfe des Klassizismus ist die Alexander-Newski-Kirche (Abb. 10) beachtenswert, die in der ehemaligen Petersburger Vorstadt errichtet wurde. Die Autorenschaft dieses Gotteshauses ist bisher nicht genau geklärt, doch indirekte Zeugnisse lassen die Analogie mit der Jesuskirche suchen, mit der Handschrift von K. F. Brettkreuz, mit den Einflüssen aus den Typenentwürfen, die für Imperiumsstädte vorgesehen waren. Die Arbeiten an der Al.-Newski-Kirche verliefen schon nach dem Tode Brettkreuz von 1820 bis 1825[29] aber die Projektkoordination in den kirchlichen administrativen Behörden war schon 1819 beendet. Auf ähnliche Weise wie für die Jesuskirche wird hier die Portikusidee gelöst, wo die runden rotundeplanartigen Wände in Sektoren geteilt werden, nach jeden 12 einen Säulenportikus formend. (Abb. 11). Somit sind der Hauptportikus und der Eingang zu der bedeutenden Sankt Petersburger Straße (Alexanderstr. jetzt Brīvības iela) gerichtet, aber zu den beiden Seitenstraßen befinden sich beide Seitenportiken der Kirche mit gewissermaßen Winkelverschiebung von der Senkrechten. Die Vertiefung der Kirche im Grundstück, die Eigenartigkeit der Planung ohne Haupteingang für den praktischen Gebrauch und Durchgang macht nur noch einen Seiten-

---

[24] Ebenda, S. 365.
[25] Ebenda, S. 361.
[26] Ebenda, S. 385.
[27] Ebenda, S. 399.
[28] Ebenda, S. 381.
[29] J. Silins, Die Kunst Lettlands. 1800-1914. Teil 1, Stockholm 1979, S. 61 (auf lettisch).

portikus möglich. Der zweite - gegen Osten gerichtete - ist mit dem Raum hinter dem Altar verbunden. Deswegen wird er nur von einer begrenzten Zahl von Besuchern und Dienern genutzt. Es schien für den Architekten nicht notwendig, mit den Portiken und dem Rotundenbau die Kreuzgrundrissform zu imitieren. So grenzt die dem Haupteingang durch die Mittelachse gegenüberliegende Wand an den Hof in der Tiefe des Grundstücks, wo später ein neuer Glockenturm errichtet wurde, und wo sich Wirtschaftsgebäude befanden.

In der Konstruktion der senkrechten Rahmen gebaut und für den Verputz vorgesehen, imitiert auch diese Rotunde - ein Typenbau - ein Mauergebäude. Mit den massiven dorischen Säulenportiken, mit Triglyphen dekorierten Antablementen und Giebeln wird die Illusion eines Steinbaus gegeben. Mit der den Empirebauten charakteristischen Tendenz, in einem Komplex verschiedene oder variiert monumental geometrische Baukörper zu vereinigen, steht in dem Schattenriss der Al.-Newski-Kirche die über dem flachen Dach untergebrachte zweite viel schmalere Rotunde mit rundem Dach.

Durch das Vorhandensein dieser Rotunde lässt sich auf eine direkte Weise das Interieur der Kirche vorstellen, für dessen Organisation und auch für das Stützen der Kuppelrotunde innerhalb im Kreis untergebrachte sechs Säulenpaare dienen. Noch eine Eigentümlichkeit der Kirche offenbart sich beim Vergleichen der unterschiedlichen Maßstäbe vom ziemlich hohen Außenwänden und recht niedrigen Decken im Inneren der Kirche. Es stellt sich heraus, dass es zwischen den Außenwänden und der Kuppelrotunde noch irgendwelche perimentalen Zwischenräume gibt. Ihre Höhe, die aus der Außenfassade ergründet werden kann, ist die Differenz zwischen Dachkante und prachtvollem mit Triglyphen geschmücktem Sims. Im Interieur lässt das Vorhandensein des Zwischenraumes die bedeutende Höhe der Kuppelrotunde erraten, die sich im logischen Widerspruch mit der Rotundenhöhe im Exterieur befindet.

Außerhalb Rigas und seines Patrimonalgebietes und außerhalb der Wirkungszone der Rigaschen Architekten gibt es keine exklusiven Beispiele der Sakralbaukunst. Man kann über einige interessante Lösungen der Planungsweise und Fassadenformung sprechen, in denen entweder ein robustes Diktat konfessioneller Konzeptionen zum Ausdruck kommt, oder eine vereinfachte Ableitung der Musterprojekte der Kronsbauten sichtbar wird. Um in der Provinz irgendwelche Bauarbeiten ausführen zu können, wurden Arbeiter auf Vertrag angenommen, deren Aufsicht oder Koordination zum Leisten einer Konzeption gewissermaßen spontan geschah. Deswegen sind auch die Ergebnisse unterschiedlicher Qualität und einzelne Erfolge ebenso nur zufällig.

Da Livland bis zur Mitte des 19. Jahrhundert. eine ausgesprochen protestantische Region ist, verläuft das Sakralbaugeschehen hier in zwei Hauptrichtungen: es wird weiter der traditionelle Längskirchenbautyp fortgesetzt, aber es wird auch der aus der kreuzartigen Planungsweise herangewachsene Typ der Querkirche an die Zentralbaukirche nicht vergessen. Neben solchem Bau findet man Träger der Merkmale des Rigaschen Frühklassizismus, wie die orthodoxe Kirche des Hl. Alexii (Architekt N.F. Wassiljew, 1751-1761). Ganz sicher dürfte ein ähnliches Beispiel der Stilübergangsperiode die evangelische Kirche zu Pernigel/Liepupe in Livland sein. Der Baumeister des Herzogtums Kurland, der aus der Stadt Wittstock in Brandenburg eingewanderte Jacob Christian Schirmeister, seit 1766 im Dienst der Stadt Riga, bekam eine Bestellung zum Projektieren der Kirche zu Pernigel und brachte 1777 Blätter der ersten Variante ein.[30] Hier ist die Konzeption der turmlosen Querkirche mit kleinem Windfang an einer Seite des Kirchenschif-

---

[30] Zentralarchiv für die Geschichte Lettlands, Fonds 4287, Verzeichnis 1, Aktendeckel 1.

fes und mit ebenso großem Sakristeianbau an der entgegengesetzten Seite gefolgt worden. Da die Kirche als typische Querkirche erbaut worden ist, bilden der Eingangswindfang und die Sakristei in der Mitte der Längswände Risaliten ähnliche Ausladungen und setzen die Kirchenplanungsweise der Kreuzkonfiguration fort. Schon vor dem Baubeginn 1777, mit dem Wechsel der Kirchengrundrisskonzeption, formte der Architekt einen zweiten Entwurf. Die niedrige Querkirche wurde mit dem Turm über dem Eingangsrisalit ergänzt, doch die gesamte Planungsweise wurde ohne Änderungen gelassen. Im Ergebnis wurden die Bänke im Kirchenraum in zwei Teilen gruppiert und perpendikulär der Längswände untergebracht. So wurde ein großer freier Platz gegenüber dem Kanzelaltar geschaffen. Balkonbänke wurden nach dem Prinzip des Amphitheaters längs der drei gegen den Altar gerichteten Wände untergebracht.

Wie die Projektblätter zeigen, die im lettischen Staatsarchiv erhalten und von den Patronen G.J. von Meck und J.G. von Dunten unterzeichnet sind, war die Kirche wie ein Sakralbau der ziemlich prunkvollen Putzdekoration geplant, die sowohl mit ihrer Silhouette als auch mit dem komplizierten Dekor eine stark prätentiöse Gestalt bildet. Die Eingangsfassade sollte mit den, in den vertikalen Quaderfriesen imitierten Paarpilastern ausgeschmückt werden. Gleiches gilt auch für die Turmfassade des zweiten Stockwerks. Das Kirchenschiff sollte mit dem steilen Vier-Schrägedach überdacht werden, auf dessen Fond sich ein reich dekorierter zweiter Turmstock gut abheben würde. Über der Balustrade, die den ersten und zweiten Stock abtrennt, war geplant, in der Turmmitte mit dem Putz sowohl die Fensterzargen als auch an den Kanten die Pilaster zu markieren. Unter dem Gesims, mit dem die Spitze beginnen würde, wurde ein rundes „Uhrenfenster" geplant. Das Gesamtbild der Fassaden scheint ziemlich widersprechend zu sein, weil hier die Rokokomerkmale mit dem klassischen Feston und

Gewindedekor wechseln, aber die barocke Turmspitze krönt den ganzen Schattenriss der Kirche ebenso wie die klassizistischen Vasen den Dachfirst krönen. Doch in Wirklichkeit wurde das Projekt auf sehr vereinfachte Weise verwirklicht: ganz und gar glatter Putz der Außenwände, ohne Quadern, Pilaster, Fensterzargen, Baluster in der Turmfassade und ohne dekorative Vasen. Es ist schwer, heute zu sagen, welche Gründe dafür ausschlaggebend waren, dass diese wunderschöne Idee nur auf den Entwurfblättern geblieben ist. Doch, wie der vorwurfsvolle Brief des Gutsbesitzers zu Sussikas/Vecmuiza Johann Gustav von Aderkas an den Gemeinderat vom 8. März 1780 zeigt,[31] schürten die hohen Baukosten Unstimmigkeit in den Reihen der Spender. Solcherweise dürften die Vereinfachungen in der Projektrealisation nicht mit dem Mangel an Qualifikation der Maurermeister Georg und Philipp Schmidt oder des Zimmermannmeisters Daniel Friedrich Gierdt zu erklären sein, sondern mit Sparsamkeit.

Wie ein eigentümlicher Mischling der Zentralbauplanungsweise und des gebrochenen Mansardendaches des Barocks erscheint in der Empireperiode der Bau der Kirche zu Laudohn/Laudona, dessen stilistische Uneinheitlichkeit sich sowohl in den neogotische Fenster- und Türöffnungen als auch in der Einfügung der dekorativen Spitzbogen in die Fassade zeigt. Die nach dem Projekt des Architekten F. Siegel 1818-1820[32] erbaute Kirche wurde wie ein Oktaeder geplant, mit dem an der Wand der Westseite angebauten schlanken und hohen Turm. Die Turmhöhe der ersten Stufe ist mit der Pyramidenspitze des Mansardendaches des Kirchenschiffes gleich. Der Satz der unterschiedlichen geometrischen Formen bildet in einem Bauobjekt ein eigentümliches architektonisches Gesamtbild, in dem man Prismenförmigkeit der Umfänge und de-

---

[31] Zentralarchiv für die Geschichte Lettlands, Fonds 4287, Verzeichnis 1, Aktendeckel 15, Seite 36-37.
[32] E. Kiploks, Die Gemeinden und Kirchen in der Heimat .., S. 157.

ren Gegenstellung als ausdruckvolle und deshalb positiv einzuschätzende Qualität auffassen kann. So ist das Achtflächenprisma mit der komplizierten Silhouette der Dachkonstruktion zu Ende gebracht, die mit ihrem bedeutenden Umfang den Kirchenbaukörper scheinbar an die Erde drückt. Doch die schlanken, schmalen, nach oben gestreckten Proportionen, der leichte, im Oktaederplan gebildete zweite Stock und die schmale Dachpyramide heben besonders den Vertikalismus dieser Komponente hervor. Dazu schaffen die Nebeneinanderstellung und der Vergleich beider Dachformen auf Kontrastverhältnisse gestützte Ausdruckskraft.

Die plastische Aufmachung in der Wandgestaltung der Kirche in Laudohn ist mit Hilfe der Formen der Eckenquadern, Pilaster und Fensteröffnungen den Spitzbogennischen angepasst. Ein ähnlich mit Details bereichertes geometrisch-rationales Gotteshaus des Zentralbautyps ist in Livland als zweite Kirche die in Palzmar/Palsmane, in deren Planung das Prinzip des Oktaeders ausgenutzt wurde. Doch wegen einer größeren Aufnahmefähigkeit ist die Kirche in der West-Ost Richtung ausgedehnt. Der an die Westwand angebaute Turm und im Osten die Sakristei bilden das Gotteshaus in der Seitenprojektion ausgesprochen horizontal, wobei die Höhe der einzelnen Baukörper stufenartig in Richtung des Turmes vergrößert wird. Das 1817 erbaute Gotteshaus[33] zeugt nur bei der Betrachtung von der Vorderseite über die Zugehörigkeit zur Empireformgestaltung. Über dem rechteckigen Plan wird der Turm des niedrigen Unterbaus als dreistufiger Oktaeder gebildet, bei dem jede Fläche mit der Rundbogenfensteröffnung oder im Putz geformten Füllungsmotiven dekoriert wird. Das Turmdach war bis zum Ersten Weltkrieg das ursprüngliche - mit niedriger sphärischer Turmhaube. Im Außenwandfries des Kirchenschiffes wurde das dekorative Motiv des „laufenden Hundes" oder des Wellchens eingeführt, dagegen in der Sakris-

---

[33] Ebenda, S. 217.

teifassade der Rhombenfries. Die Innenausstattung in der Längskirche ist traditionell gehalten: der Altar an der Ostwand, die Kanzel an der linken Seite des Kirchenraumes, das Gestühl an beiden Seiten des Hauptganges. Nur wegen seiner Oktogonalplanung ordnet sich diese Kirche der extravaganten Formen in die Kategorie der Zentralbautypen ein.

Die Tradition der Querkirchen geht in Livland mit der 1828-1830 erbauten Kirche in Trentelberg/Gostiņi zu Ende.[34] Der Empirestil verkörpert in diesem nicht großen Gebäude seine Vorstellung über vereinfachte Geometrie. Ein rudimentäres Türmchen mit der Halbkugelkuppel erhebt sich kaum über das flache Dach. Die Besucher werden durch die im Turmraum gebildete Freitreppe in den Portikus der großen Ordnung hineingezogen. Die Sakristei ist analog der Silhouette mit dem Dreieckgiebel gestaltet, sie ist der gegenüberliegenden Längswand hinter dem Altar angebaut. Die Kirche steht auf einem Fundament in Kreuzform. Man darf annehmen, dass der Architekt diese so lakonische Kirchengestalt aus den Ausdrucksmitteln der Musterfassaden entlehnt hat und im Laufe des schöpferischen Prozesses zu einem provinziell einfachen, doch typologisch identifizierbaren Sakralbau neu gestaltete. Der schlichte, in der Längsrichtung orientierte Kirchentyp erlebt in der Sakralarchitektur Livlands nur einen der stilistischen Entwicklung entsprechenden Wechsel in der dekorativen Bearbeitung des Äußeren. Nur in seltenen Fällen geschieht die Berührung mit einer wesentlichen konstruktiven oder funktionellen Neuerung. Der in den Baukörper eingegliederte Turm, ebenso wie in der Baupraxis der Holz- und Mauerkirchen des 17. und 18. Jahrhunderts, wird in den meisten Fällen in dem Giebel der Westfassade, zu dem Gebäudefirst herangezogen, untergebracht. Solcherweise formt sich die Westfassade monumentaler, deren

---

[34] K. Skujiņš, Die Gemeinden von Kreutzburg. Riga 1925, S. 41 - 44 (auf lettisch). Der Patron und Fundator des Kirchen- und Gutsbesitzes von Kreutzburg Nicolaus von Korff.

Wandebene wir wie eine große, den Kompositionsübungen geeignete Fläche wahrnehmen dürfen. Es ist möglich, dass diese gewünschte Aussagekraft mit Hilfe der Fensterformen, der Bearbeitung der Fensteröffnungen, des Rhythmus, der Portale, der Pilaster und der Verputzplastik zu steigern ist. Hier sind eine Reihe von Kirchen zu erwähnen: die von Wangasch/Vangaži, erbaut 1789-1790, umgebaut 1935[35], Lasdohn/Lazdona, erbaut 1802-1805 [36], Seltingshof/Zeltiņi, erbaut 1823- 1826, unter dem Architekten F. Siegel.[37] Sobald der Turm dem Muster der Kurländischen Kirchen nach in der Westfassade wie eine selbstständige Raumkonstruktion belassen wird, beziehen sich klassizisierende Tendenzen gleich sowohl auf den Turm als auch auf die Kirchenfassade. So wurden bei der lutherischen Kirche in Kreutzburg/Krustpils (Abb. 12) nach dem Umbau 1818-1824 alle Turmfassaden mit dreieckigen Giebeln ergänzt, das neugebaute Kirchenschiff bekam breite, dreiteilige Empirefenster. Das Motiv des Triumphbogens wiederholt sich in diesem Bau sowohl in den Seitenfassaden, in sogen. Palladiofensterformen, als auch in der Ostfassade in der Ausgestaltung des Sakristeieinganges mit einem Säulenportikus.

Ein eigentümlicher Kompromiss der räumlichen Lösung wurde in dem Baukörper der Kirche in Fechteln/Vietalva (erbaut 1817-818)[38] Bau des im Plan runden Turmes gefunden. Er wurde bis zur Hälfte aus der Fassadenebene vorgeschoben. So wird der Turm als Selbstwert herausgehoben und gibt in seinem fünfteiligen Aufbau der vertikalen zylindrischen Umfänge ein interessantes Beispiel der Empireformenstilisierung. Die Außenwände der Kirche sind mit kannelierten ionischen Pilastern zwischen den Fenstern dekoriert. Als Stilindikator und

---

[35] E. Kiploks, Die Gemeinden und Kirchen in der Heimat. S. 125.
[36] G. Klemanis, Die Gemeinden von Lasdohn in Vergangenheit und Gegenwart. Lazdona 1929, S. 7 (auf lettisch).
[37] Campe, P., Lexikon, (wie Anm. 5), S.345
[38] K. Skujins, Gemeinden. (wie Anm. 34), S. 8.

Mittel des Wiederbelebens der glatten Fassadenebenen werden sie bereits in der ersten Hälfte des 19. Jahrhundert als Pilasterdekor oder durch das Hinzufügen des freistehenden Säulenportikus sowohl an den Haupt- als auch den Seitenfassaden angewendet. Ein Portikus aus zwei Säulenpaaren belebt wesentlich die Westfassade der Kirche zu Papendorf/Rubene, erbaut vermutlich nach 1812. Im Hügelland von Nordlivland erhob sich bis zur Sprengung im Zweiten Weltkriege die Kirche zu Serbigal/Aumeistari (erbaut 1831-1834)[39], deren Eingangsfassade und Seitenfassaden durch Säulenportiken geschmückt waren. Damit werden lange, mit einheitlichen Fenstern gefüllte Wandebenen dynamisiert. Hinsichtlich der Vielfältigkeit der oben genannten plastischen Möglichkeiten ist in der Architektur Livlands die Kirche zu Tirsen/Tirza hervorzuheben, deren Architekt der schon mehrmals erwähnte F. Siegel gewesen ist. Der Bau dauerte von 1823 -1826[40]. Man kann sehen, dass dieses Sakralgebäude stilistisch den Beginn der Neogotik in der Baukunst Lettlands (der Ostseeprovinzen) anzeigt. Klassizismus in seinen reinen Formen äußert sich hier sowohl in dem ionischen Säulenportikus über der Westfassade des Einganges, mit dem Triglyphenfries unter dem Seitenwandgesims, als auch in den prunkvollen Pilastern in den Zwischenräumen der Seitenfenster und in dem mit flachem Verputz gemachten Portikus in der Ostwand. Die Kirchenwände in der Innenseite wurden nach dem Willen von F. Siegel mit dem architektonischen Dekor der ionischen Pilastern zu beiden Seiten der halbrunden Altarnische versehen. Das Pilastermotiv, aber ohne Kannelüren, wiederholt sich auch auf der Wand der Orgelempore.

Mit unbedeutender Zeitdistanz ist die Kirche zu Alt-Schwanenburg/Gulbene in den Jahren 1838-1843 in Livland entstanden.[41] In deren Turmfassade befand sich bis zur Ver-

---

[39] P. Campe, Lexikon, (wie Anm. 5), S. 39.
[40] P. Campe, Lexikon, (wie Anm. 5), S. 345.
[41] E. Kiploks, Die Gemeinden und Kirchen in der Heimat. S. 210.

wüstung während des Zweiten Weltkrieges ein Portikus mit sechs dorischen Säulen. In den Seitenfassaden werden mit Pilastern imitierte Portiken wiederholt. In Nordlivland war dieses schon in der Architektur der Kirchen zu Marienburg und Serbigal vorhanden. Im Ausklang des Klassizismus haben diese Motive nur noch eine Bedeutung des Zeichens, des Symbols.

Es sind noch zwei praktisch identische Kirchen aus Zentrallivland zu erwähnen: in Drostenhof/Drusti (Abb. 13) und in Serben/Dzērbene[42], deren langes Kirchenschiff sozusagen den Charakter einer Orangerie oder eines Pavillons hat. Hier füllen die grandiosen verglasten Fensteroberflächen praktisch beide Ebenen der Seitenwände. Somit wird eine Vorstellung geschaffen, dass dies ein rationell und steril gelöster und gut ausgeleuchteter Raum ist. Beide Kirchen befinden sich in ähnlicher landschaftlicher Lage - auf einem kleinen Hügel. Von der Zufahrtsstraße offenbart sich eine identische Sicht auf die Säulenportiken, die mit dem Dreieckgiebel die Fassade in ganzer Länge verdecken. Über der Fassade erhebt sich ein Turmstock, dessen Vorbild mit sphärischer, achtflächiger Kuppel vermutlich die Kirche in Seltingshof ist. Die Umsetzung der Portikusidee auf die Kirchen nähert ihr Aussehen der Fassade eines Landgutes an. Die Kirche, oder Domus Dei, lässt in dieser konstruktiven Lösung assoziativ die Parallelen zu dem Herrenhaus ziehen, mit seiner großzügigen und weltlich pompösen Form. Die Außenwände sind asketisch glatt, praktisch ohne Dekor, falls wir nicht das schmale Gesims in der Seitenfassade unter den Attikafenstern als Dekorelemente ansehen möchten. Dazu kommen noch Fensterverdachungen - in Drostenhof ein Fenster, in Serben zwei in der Mitte der Seitenwand. Bekannt geworden ist der Architekt und Baumeister livischer Herkunft

---

[42] Die Kirche zu Drostenhof, erbaut 1835-1837, eingeweiht 1838, die Kirche zu Serben, erbaut 1839-1842, eingeweiht 1842. In: P. Campe, Lexikon, S. 425.; P. Kundzins, Marcis Sarums. (Monatsschrift). Die Architekten Lettlands, 1939, No. 2, S. 40.

Marcis Podins-Sarums, er hat mit Hilfe der russischen Maurer diese letzten Beispiele der Empirebaukunst Livlands geschaffen. Eine ungewöhnlich lange Lebensfähigkeit zeigt die in Livlands Sakralbauten praktizierte Tradition des Turmbaues auf dem Dach. Sie hat auch hier ihre Realisation gefunden. Und wie eine provinzielle Verzögerung, wie ein Konservativismus, kommt noch im zweiten Viertel des 19. Jahrhundert mit den Merkmalen der neuen Stilentwicklung auch das Denken der Empireformgestaltung und -komposition vor. Diese Richtung findet die Zustimmung in den Behörden des Gouvernements. Sie ist auch in den höchsten Instanzen akzeptiert und kommt wie eine Variation bzw. eine lokale Lösung über die im 18.-19. Jahrhundert vom Staat zugelassenen Musterfassaden.

Mit diesem Exkurs beenden wir den Überblick über die typologische und formgestaltende Evolution der Livländischen Sakralarchitektur. Diese Periode hat uns eine Reihe unterschiedlicher Beispiele gegeben, deren Abstammung, Einflüsse und Entlehnungen sowohl verschiedene Orientierungen als auch unterschiedliche Selbständigkeitsstufen haben. Doch es darf mit Überzeugung behauptet werden, dass die etwa siebzig Jahre andauernde Stilepoche der Kirchenarchitektur kulturhistorisch, künstlerisch und typologisch ein reiches Erbe hinterlassen hat.

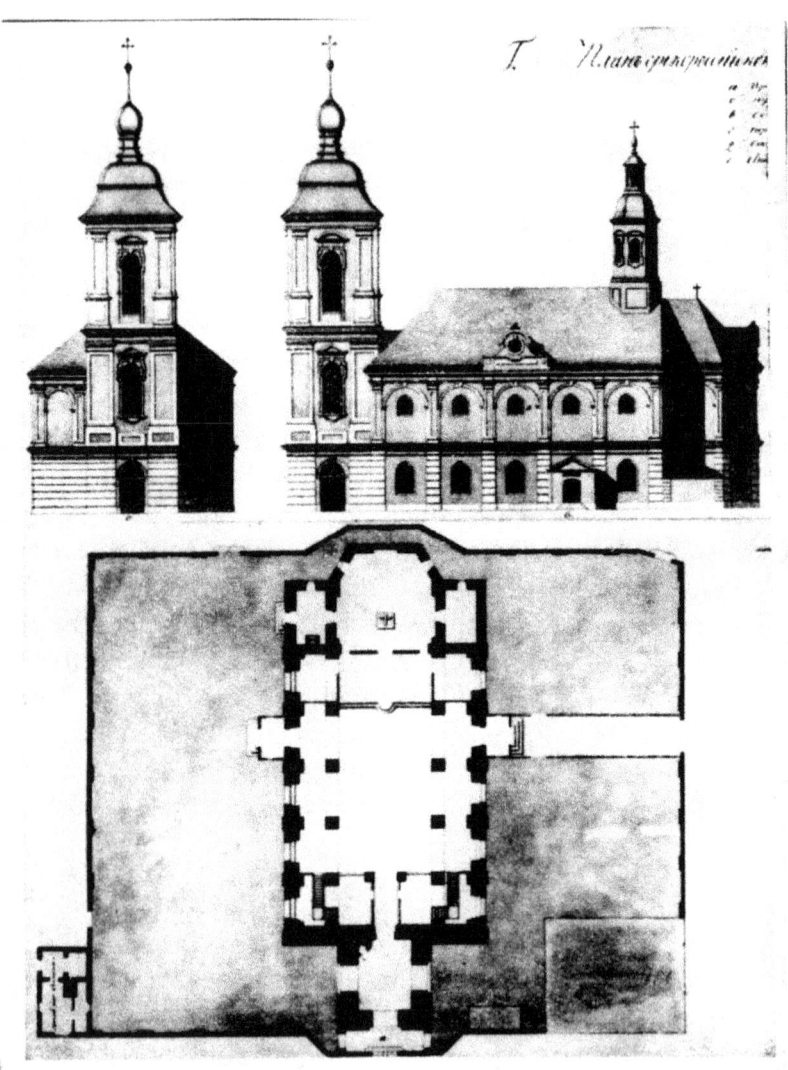

Abb. 1 Entwurf und Grundriss der orthodoxen Alexii-Kirche
(ehemalige Zisterzienserinen Marien-Magdalenen-Kirche)

Abb. 2 Kirche zu Loddiger

Abb. 3 Entwurf zur orthodoxen Peter und Paul Kirche

Abb. 4 Kirche zu Marienburg

Abb. 5 Gertruden Kirche (hölzerne) in Riga
Zeichnung von J.Chr. Brotze 1792

Abb. 6 Johannis Kirche zu Walk (Estland)

Abb. 7 Kirche zu Steinholm

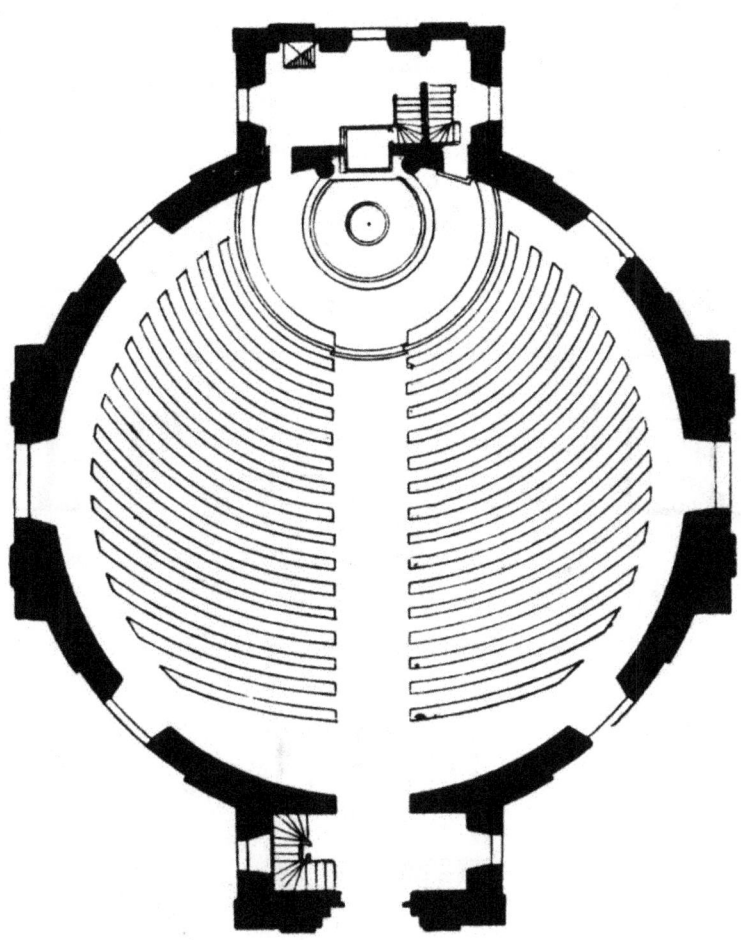

Abb. 8 Grundriss der Kirche zu Steinholm

100

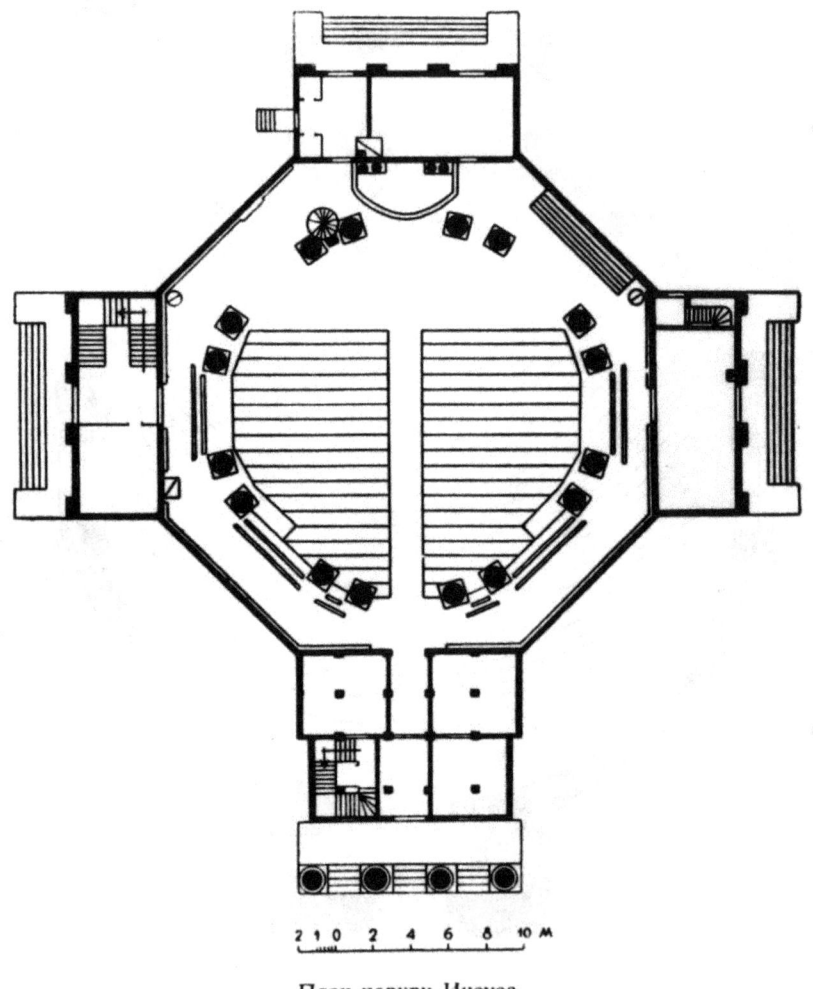

План церкви Иисуса.

Abb. 9 Grundriss der Jesus Kirche in Riga

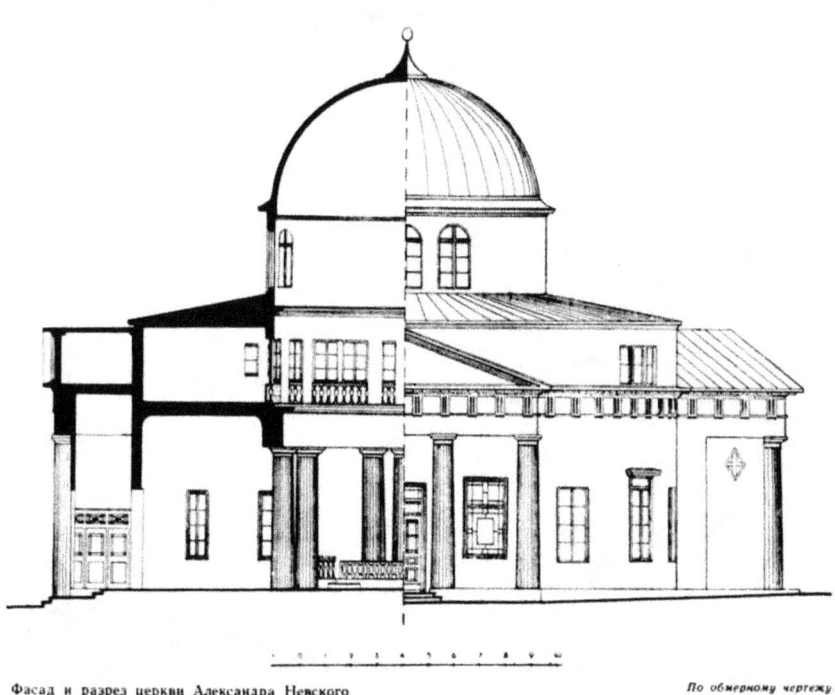

Фасад и разрез церкви Александра Невского.   По обмерному чертежу

Abb. 10 Fassadenentwurf und Schnitt der orthodoxen
Alexander Newski Kirche in Riga

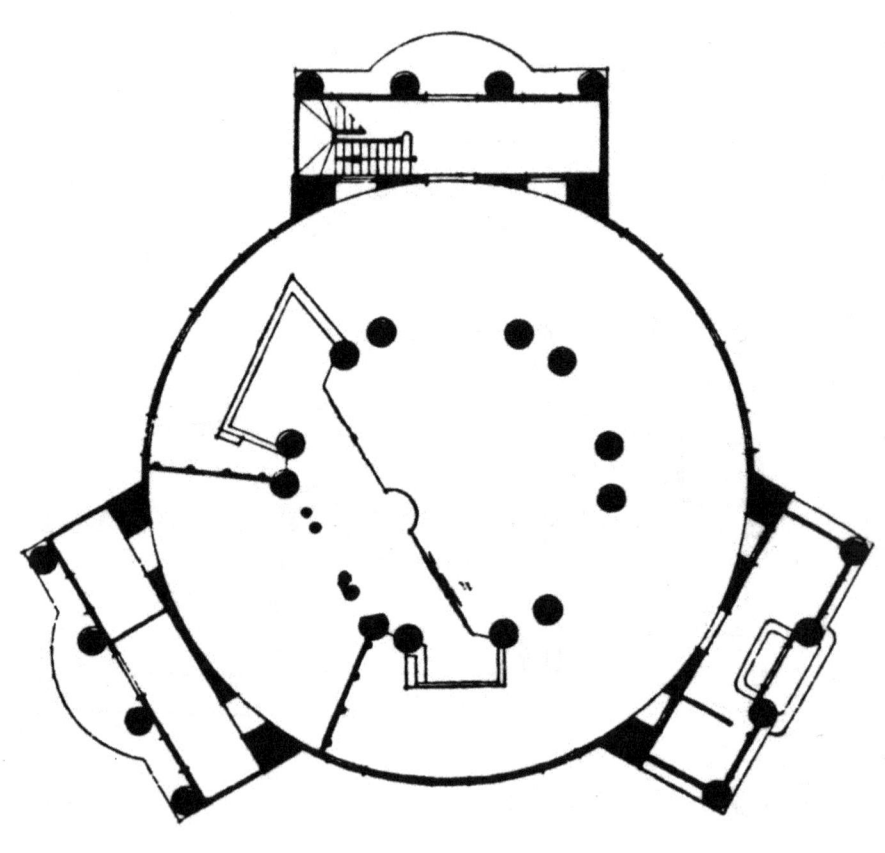

План церкви Александра Невского.

Abb. 11 Grundriss der Alexander Newski Kirche in Riga

Abb. 12 Kirche in Kreutzberg

Abb. 13 Kirche zu Drostenhof

DER KLASSIZISMUS IN DER GUTSHOF-ARCHITEKTUR ESTLANDS

Ants Hein

„Nach hergestellter Ruhe zu Anfang des gegenwärtigen Jahrhunderts wohnten unsere Väter unter schmutzigen Strohdächern in elenden hölzernen Häusern, die kleine Fenster und zuweilen nicht einmal einen Schornstein hatten; jetzt sieht man in allen Gegenden nicht nur steinerne, sondern auch schön gebaute und mit vielem Geschmack angelegte Höfe, deren Wohngebäude wie Hotels dastehen und mit regelmäßigen Nebengebäuden umgeben sind. ... In unseren Gärten zieht man nicht bloß Wurzelwerk, Kohl und Bohnen, man sieht auch schön angelegte Gärten, hin und wieder nach englischer Art ...".[1]

So schrieb August Wilhelm Hupel im 1787 erschienenen Beitrag „Der in Lief- und Ehstland zunehmende gute Geschmack".

Wie bekannt, verwüstete der Nordische Krieg zu Beginn des 18. Jahrhunderts das heutige Gebiet Estlands in dem Maß, dass die Wirtschaft Jahrzehnte benötigte, um die Folgen zu überwinden. Dementsprechend war auch die Bautätigkeit in der ersten Hälfte des Jahrhunderts auf den Gutshöfen sehr zurückhaltend, sie belebte sich zusammen mit der allgemeinen wirtschaftlichen Gesundung erst in den 60er Jahren. Oft hat man das Jahr 1766 als Wende angesehen, als der russische Markt dem auf den hiesigen Gütern erzeugten Branntwein geöffnet wurde - im gleichen Jahr begann ein Aufschwung auch in der Bautätigkeit auf den Gutshöfen. Sollte man den damaligen Schilderungen Glauben schenken, so hatte sich das ganze Land

---

[1] A.W. Hupel, Der in Lief- und Ehstland zunehmende gute Geschmack. In: Nordische Miscellaneen, 13. und 14. Stück, Riga 1787, S. 490-491.

in relativ kurzer Zeit in eine riesige Baustelle verwandelt, immer mehr Familien, die sich mit recht zurückhaltenden Wohnverhältnissen begnügen mußten, zogen in prächtige Schlösser um. „Diese Baulust artete in Estland in eine wahre Bauwuth aus. Manches Vermögen ging zu Grunde und die Mauern fraßen die Felder auf", schrieb beispielsweise Georg Schultz-Bertram.[2] Die 80er und 90er Jahre des 18. Jahrhunderts waren die Zeit der intensivsten Bautätigkeit, zu Beginn des folgenden Jahrhunderts wurde die Konjunktur schwächer. Doch 1810 - 1820 kam es zu einem neuen Aufschwung. Dementsprechend ist die Wende vom 18. Zum 19. Jahrhundert als die fruchtbarste Zeit in der estnischen Gutshofarchitektur anzusehen. Während der Ende der 1970er Jahre durchgeführten Inventarisierung wurde festgestellt, dass von den noch erhaltenen 796 Herrenhäusern wenigstens die Hälfte aus dem Zeitraum vom Ende der 1760er bis zum Beginn der 1830er Jahre stammte.[3] Noch deutlicher hebt sich diese Periode bei jenen Gutshöfen ab, die unter staatlichem Schutz stehen - 2/3 davon gehören zum Klassizismus. Beide Tatsachen - sowohl die Zahl der Bauwerke als auch der relativ hohe Anteil wertvoller Schöpfungen - beweisen nochmals die Feststellung Heinz Pirangs, dass die Wende vom 18. zum 19. Jahrhundert die „Blütezeit des baltischen Gutshauses" war.[4]

Es gibt keinen Grund anzunehmen, dass die damalige Gutshofarchitektur des Baltikums hinter der entsprechenden Entwicklung in Westeuropa merklich zurückblieb. Enge Kontakte mit dem Ausland, Reisen, umfangreiche Literaturkenntnisse sicherten Wissen über alles Neue. Als Verzögerung kann

---

[2] Bertram, Dr. (G. J. Schultz), Baltische Skizzen oder Fünfzig Jahre zurück. Bd. II, St. Petersburg 1855, S. 71.
[3] Vgl.: A. Hein, Gutsarchitektur in Estland. Ein Überblick nach der Inventarisierung. In: Nordost-Archiv, H. 75, Jg. 17/1984, S. 92.
[4] Vgl.: Pirang, H., Das baltische Herrenhaus. Teil II.: Die Blütezeit um 1800, Riga 1928.

nur jenes gedeutet werden, daß viele Erscheinungen des Westens in kristallisierter Form, als Fertigerzeugnisse übernommen wurden. Wenn dem hiesigen Adel auch etwas vorgeworfen wurde, so rügte man ein zu leichtfertiges Befolgen der jeweiligen Mode. „Freilich hat Liefland schöne Gebäude aufzuzeigen, dem ohne - ungeachtet ist unsere Baukunst selten anders als Copie. Wie es in Rom und Neapolis, Dresden und Berlin ist, so soll es auch bey uns seyn", schrieb beispielsweise Heinrich Johann von Jannau 1781.[5] Natürlich gab es neben betont Modernem auch genügend viel Altmodisches - die repräsentativeren Gutshofensembles konnten in ihrer architektonischen Gestaltung von recht weit herkommende Einflüsse widerspiegeln, die „gewöhnlichen" Gutshöfe der tiefen Provinz behielten dagegen hartnäckig ihre archaischen Züge bei. Die „Alt-" und die „Neumodischen" wiesen sogar regionsweise zeitliche Unterschiede auf - architektonische Neuerungen bürgerten sich leichter vor allem in den Gutshöfen Harriens, Wierlands und Jerwens ein, dagegen zeigten sie sich in Südestland (Nordlivland), besonders aber auf Ösel mit merklicher Verspätung.

Den Beginn des Klassizismus in der baltischen Gutshofarchitektur genau festzulegen ist einigermaßen kompliziert, denn die Barocktendenzen erwiesen sich als sehr zählebig. Vielleicht deutlicher als bei den Bauwerken äußerte sich die Wende in der Parkgestaltung, wo die regulären Anlagen von freien Landschaftsparks verdrängt wurden. Dabei verband man den neuen Stil nicht nur mit ästhetischen, sondern auch neuen ethischen Werten; beispielsweise verglich der damalige baltische Publizist Garlieb Merkel die auf die strenge Symmetrie „aufgebauten französischen Gärten mit einer Monarchie", wonach die neuen Grünanlagen im englischen Stil Republiken entsprochen hätten. „Jeder Stamm desselben strebt mit seiner ganzen Kraft empor und streckt seine mächtigen Äste so lang,

---

[5] H.J. Jannau, Sitten und Zeit, ein Memorial an Lief- und Estlands Väter. Riga 1781, S. 65.

so dichtbelaubt empor oder hinab, als sein innerer Trieb vermag".[6] Es ist paradox, daß gleichzeitig mit dem Neoklassizismus und der freien Parkgestaltung auch die Neugotik auf den Plan trat (früheste Belege in Estland stammen aus den 60er Jahren des 18. Jahrhunderts). Es scheint, daß der Klassizismus eine Alternative erhalten sollte, und die konnte die „Gotik" am besten (entsprechend den Regeln der Baukunst der Antike) verkörpern.

Vom reichen baulichen Erbe der klassischen Gutshofarchitektur kann hier natürlich nur ein Bruchteil behandelt werden. Wir beginnen mit einigen Gutshäusern, die in den 60er und 70er Jahren des 18. Jahrhunderts in Nord- und Mittelestland errichtet wurden und sich mit dem Namen des damaligen Gouvernementsarchitekten Johann Schultz verbanden - es waren Ocht/Ohtu, Sarkfer/Sargvere, Läsal/Käesalu, Friedrichshof/Saue, Essemeggi/Ääsmäe, Seydell/Seidla und Kaltenbrunn/Roosna-Alliku. Das bekannteste Bauwerk des aus Jena stammenden und 1760 in die Revaler Bürgerschaft aufgenommenen Architekten Schultz ist das Haus der Gouvernementsverwaltung auf dem Domberg in Reval (1767-1773), er zeigt bei den genannten Gutshofbauten den Übergang vom Rokoko zum frühen Klassizismus.[7] Sie alle sind Steinbauten mit relativ hohem Dach, die Fassaden sind durch flache Risalite symmetrisch gegliedert, im Untergeschoß überwölbt, die Wohnzimmer befinden sich im ersten Stock. Unterschiede bestehen vor allem in den Details - die frühesten Sarkfer/Sargvere (1762-1765) und Ocht/Ohtu (1769) entsprachen dem Rokoko, die folgenden neigten immer mehr zum frühen Klassizismus. Friedrichshof/Saue, Essemeggi/Ääsmäe und Kaltenbrunn/Roosna-Alliku tun sich durch Interieurs mit viel Kunstmarmor und Stuckplastik hervor, wobei Girlanden, Porträtsmedaillons, Embleme aus

---

[6] G. Merkel, Briefe über einige der merkwürdigsten Städte im nördlichen Deutschland. Bd. I., Leipzig 1801, S. 7.
[7] Eesti arhitektuuri ajalugu, Tallinn 1965, S. 319f.

Musikinstrumenten, Landwirtschaftsgeräten und Waffen im Zopfstil überwiegen. Am gelungensten ist die Gestaltung in Kaltenbrunn, (Abb. 1) in zwei Räumen 1786 von Karl Kalopka aus Böhmen geschaffen.[8]

Zu einer eigenständigen Gruppe können einige Gutshöfe in Westestland zusammengefasst werden, von der ein Teil mit den Revaler Meistern Johann Andreas Jänichen und Johann Caspar Mohr verbunden werden kann, so Groß-Kechtigall/Suure-Lähtru, Klein-Ruhde/Väike-Roude, Heimar/Haimre, Keblas/Keblaste, Alt-Fickel/Vana-Vigala (Abb. 2) und Kosch/Päärdu. Eine kompliziertere Baugeschichte besitzt der dem Adelsgeschlecht der Uexkülls gehörende Gutshof Alt-Fickel/Vana-Vigala, der 1772 fertiggestellt wurde, doch wegen des schwachen Untergrundes bald absackte und bis 1775 neu aufgeführt wurde.[9] Während der Revolution von 1905 wurde das Bauwerk niedergebrannt. In der Folge erhielt der Neubau eine leicht veränderte Gestalt. Seinerzeit war der Gutshof durch seine reiche Kunstsammlung bekannt; heute sind nur noch zwei altrömische Marmorreliefs an der Wand des Foyers erhalten. Das Gutshaus von Alt-Fickel errichtete der jüngere Bruder Hans Georg des Barons Gotthard Wilhelm von Uexküll, er baute auch das Herrenhaus im mittelestnischen Gutshof Kabbal, eine beinahe genaue Kopie desjenigen in Alt-Fickel.

Von den mit den Dorpater Meistern verbundenen Gutshofbauten befindet sich die eleganteste Gruppe am Westausläufer des Höhenzugs Pantifer/Pandivere in Richtung des östlichen Teils der Landschaft Jerwen. Die dortigen Gegenden wurden bevorzugt, weil sie an Quellen reich waren und daher die Anlage von Parks mit Teichen sowie Kanälen erlaubten; mit der

---

[8] Vgl. A. Hein, Maantee 19. kilomeetril: Roosna-Alliku. In: Kultuur ja Elu. 1987, Nr. 2, S. 26-31.
[9] H. Schultz, Parkanlagen auf Gütern in Estland. In: Baltische Hefte, Jg. 10/1964, H.2, S. 81f.

Zeit entstand um den Höhenzug ein ganzer Kranz von repräsentativen Gutshofensembles. Zu den bemerkenswertesten gehört Kaltenborn/Norra, errichtet nach 1792, als das Besitztum an Gotthardt Johann von Knorring überging.[10] Architekt war der einige Jahre früher aus Kiel zugezogene Johann Gabriel Kranhals. Kaltenborn/Norra (Abb. 3) war mehr als Lustschloss denn als Gutshof konzipiert, das ungegliederte Bauwerk zeigt durchgehend Rustikagestaltung, es gab keine Wirtschaftsbauten, nur eine geräumige Stallung mit Kutschenremise hatte die zahlreichen Vehikel der Gäste aufzunehmen. Die Architektur ist relativ streng, bemerkenswert ist die Innengestaltung, noch zehn Jahren zuvor hatte man Stuckdekorationen bevorzugt, hier aber zeigten sich alle Wände der Gästeräume mit pompejanischen Malereien bedeckt. Gleichzeitig gestaltete man rund um das Haus einen großzügigen Park, dessen Zentralachse von etwa einem halben Kilometer Länge gleich hinter dem Herrenhaus begann und viele Verzweigungen aufwies. Leider ist der Herrensitz seit 1972 unbenutzt und daher gegenwärtig halb verfallen.

Nicht weit von Kaltenborn/Norra befinden sich die Gutshöfe Warrang/Varangu, erbaut 1795-1798, und Löwenwolde/Liigvalla, erbaut etwa 1798. Beide errichtete der aus Rostock stammende und in Dresden ausgebildete Johann Heinrich Walter, der auch als Erbauer des Rathauses in Dorpat und des Herrenhauses in Ellistfer/Elistvere bekannt ist. Diese Gutshöfe liegen wenige Kilometer voneinander entfernt an der Quelle des Flusses Wredensitz/Preedi und sie wirken wie Zwillinge - die gleiche kompakte Gesamtform, weich fließende frühklassizistische Verzierungen, charakteristische gerundete Gebäudeecken. Besonders luxuriös ist Warrang/Varanga, wo alle Verzierungen aus weichem Kalkstein gehauen und nicht - wie üblich - aus Putzmörtel geformt sind. Dabei ist die Hand eines

---

[10] Vgl. A. Hein, Pärg ümber Pandivere. In: Horisont, 1989, Nr. 12, S. 29-31.

versierten Steinmetzen erkennbar, besonders beeindruckend ist ein aus Getreidegarben, Sichel und Rechen bestehendes Emblem über dem Haupteingang, das als Symbol des bukolischen Sentimentalismus wirkt.

Zum „Gutshofkranz" rund um Pantifer gehört auch Ass/Kiltsi, (Abb. 4) 1784-1790 auf den Mauern einer mittelalterlichen Burg errichtet. Dementsprechend besitzt das Bauwerk einen beinahe quadratischen Grundriss und an den Ecken Rundtürme. An den Seiten des Vorhofs verlaufen bogenförmige Arkaden, welche die Nebengebäude verdecken. Das Ergebnis erinnert gewissermaßen an einen verkleinerten Petersplatz in Rom.

In Südestland (Nordlivland) gibt es weniger repräsentativ gestaltete Gutshofensembles in Nordestland. Hauptgrund war die größere Entfernung zu zentralen Siedlungen. Imposant und eines der ersten frühklassizistischen Schöpfungen ist das im Felliner Gebiet gelegene Euseküll/Oisu, welches seinen Ensemblecharakter bereits in den 1760er Jahren gewann. Den architektonischen Eindruck verstärkt die Landschaft: Der Gutshofkern befindet sich auf Terrassen, die zu einem See hinabführen. An den Flanken des geräumigen Vorhofs stehen im Halbkreis Speicher und Stallung, das Herrenhaus ist relativ niedrig und trägt einen Portikus. An den Treppenseiten stehen zwei Marmorplastiken - Hestia und Demeter. Der Park zwischen Herrenhaus und See bietet eine weite Aussicht. Weitere bemerkenswerte Gutshofkerne vom Ende des 18. Jahrhunderts sind Wolmarshof/Koo, Alt-Anzen/Vana-Antsla, Waimel/Väimela, Ringen/Röngu und Rutikfer/Rutikvere.

Die Jahrhundertwende bedeutete einen wesentlichen Umschwung auch in der Gutshofarchitektur, der frühe Klassizismus wich den strengeren Formen des reifen Klassizismus, welcher der Antikarchitektur folgte. Am deutlichsten zeigte sich das im breiten Einsatz von Säulenportiken. Nicht nur die Neubauten erhielten sie, sondern auch die bisherigen wurden entsprechend ergänzt (so in Kau/Kaue-Triigi), Kolk/Kolga (Abb.5), Kirna usw. Die Bauten wurden mehr horizontal als bisher gestaltet, neben den Säulen gliederten Flügelbauten die Fassaden. Während des gesamten vorangegangenen Jahrhunderts waren norddeutsche Einflüsse vorherrschend gewesen, nun steigerte sich die Rolle der Petersburger Architektur. Eines der ersten Beispiele des reifen Klassizismus, den Gutshof Kattentack/Aaspere in Wierland, suchte man unmittelbar mit Petersburger Vorbildern zu verbinden. 1785-1798 war Georg Friedrich Velten (russifizierter Name Jüri M. Felten), Direktor der Petersburger Akademie der Künste, Besitzer des Gutes. Es wird angenommen, er habe das heute stehende Bauwerk errichten lassen.[11] Wahrscheinlich stammt lediglich die ältere Baufolge aus dem 18. Jahrhundert, die Vorderfassade erhielt ihren Portikus mit Stufenfronton und die vorspringenden seitlichen Teile erst um 1800, als Friedrich Adolph von Dellingshausen der Besitzer wurde. Verglichen mit den Gutshöfen des vorangegangenen Jahrhunderts wurden die neuen Kernanlagen großzügiger gestaltet, so auch Kattentack, dessen von Nebenbauten flankierter Vorplatz etwa 250 Meter lang ist.

Das erstmalig in Kattentack gestaltete Motiv des Stufenfrontons wurde bei anderen Gutshöfen wiederholt, so in Taps/Tapa, Erwita/Ervita, Neu-Riesenberg/Uue-Riisipere. Letzteren ließ 1819-1821 Peter von Stackelberg erbauen. Es handelt sich um einen der großzügigsten erhaltenen klassizistischen Bauten in ganz Estland.

Besondere Bedeutung hat die reiche Stuckverzierung der Fassade, welche stellenweise aus der Petersburger Architektur bekannte Motive wiederholt und wahrscheinlich auch dort in Auftrag gegeben wurde. Effektvoll ist auch die Innengestaltung - in der Mitte des Erdgeschosses ein kreisförmiges Interieur, darüber im Obergeschoss ein Kuppelsaal, in einem Flügel ein

---

[11] M.F. Korschunowa, Imenije architektora Ju. Feltena v Estonij. In: Trudy Gosudarstvennogo Ermitazha, Leningrad 1974, S. 122-127.

Säulen zeigender Festsaal. Früher gab es einen großartigen Park mit zahlreichen Brücken, Pavillons usw.

Eine wertvolle Gruppe klassizistischer Gutshofbauten gehörte der Familie Stael im südlichen Harrien: Hoerdel/Höreda (Abb. 6), Hael/Ingliste, Jerwakant/Järvakandi, Rayküll/Raikküla und Pirk/Pirgu. Sie alle entstanden in den zwei ersten Jahrzehnten des 19. Jahrhunderts und waren wohl von ein und demselben Architekten entworfen worden. Eine nahestehende Formensprache vertrat auch der Gutshof Waldau/Valtu der Familie Tiesenhausen in der gleichen Region. Leider sind diese zu den luxuriösesten gehörenden Gutshofbauten heute Ruinen oder völlig verfallen, als einziger wurde vor etwa zehn Jahren Pirk/Pirgu rekonstruiert.

In der näheren Umgebung Revals ist offenbar am wertvollsten aus dieser Periode das um 1810 entstandene Sack/Saku. (Ab. 7) Auch dort sind die ausgewogene Gesamtform und die wertvollen Stuckverzierungen bemerkenswert. Die Nähe zur Petersburger Architektur ist offensichtlich (so zum Schloss der Jelagins), weshalb man Beziehungen etwa zum Schaffen Carlo Rossis vermutet hat.[12] Wie bekannt, stammte seine Gattin aus Reval, und daher hatte Rossi enge Kontakte zu Estland. Auch der kürzere Zeit in Reval wirkende Carl Ludwig Engel hat einige der hiesigen Herrenhäuser entworfen, eines davon dürfte das in Harrien liegende Kirna-Kohhat/Kernu (1810-1813) sein.[13]

Zu den bemerkenswerteren Baudenkmälern gehören Kerrafer /Kärevete, erbaut etwa 1800, Massau/Massu, erbaut etwa 1810, Uddrich/Udriku, etwa 1814, Putkas/Putkaste, erbaut 1819, Mehntack/Mäetaguse, erbaut 1822, Arroküll/Aruküla, erbaut 1824 und Leal/Lihula, erbaut etwa 1825. Verglichen mit Nordestland waren die südestnischen Gutshöfe vom Beginn

---

[12] Pirang, H., Op.cit, S. 36.
[13] H. Uprus, Carl Ludwig Engel Tallinnas. In: Töid kunstiteaduse ja kriitika alalt, 3, Tallinn 1980, S. 190-191.

des 19. Jahrhunderts baulich zurückhaltender, die bedeutenderen waren späteren Datums, sie zeigten den Übergang vom Klassizismus zum Historismus, so in Rappin/Räpina, erbaut 1836-1847, Groß-Köppo/Suure-Köpu erbaut 1843, Jensel/Kuremaa erbaut 1837-1839, Alt-Voidoma/Vana-Voidu, zu Beginn der 1840er Jahre, Lachmes/Lahmuse, erbaut 1846 u.a.

Die Darstellung nur der Herrenhäuser gäbe von der Gutshofarchitektur nur ein unvollkommenes Gesamtbild - auch von den zahlreichen Nebenbauten muss gesprochen werden. Die Gutshofkarten vom Ende des 18. und Anfang des 19. Jahrhunderts verzeichnen in den Gutshofkernen bis zu einigen Dutzend verschiedener Bauten, von denen ein Teil zum symmetrischen Ensemble des Herrenhauses gehörte, ein anderer Teil entsprechend den Funktionen in Gruppen zusammengefasst war. Es gab auch verstreut liegende Bauten bei den Feldern und Wiesen rund um den Gutshofkern. Meist flankierten ein Speicher und eine Stallung mit Remise den Platz vor dem Herrenhaus, wodurch ein symmetrisches Ensemble entstand, doch es gab auch Gutshöfe, wo der Platz von vier oder sechs Bauten umrahmt wurde. In einigen Fällen standen die Wirtschaftsbauten als gekurvte Wand um den Platz, so in Euseküll/Oisu, Wattel/Vatla und Ass/Kiltsi. Meist zeigten diese Bauten zum Platz hin stilvolle Arkaden oder Säulengänge und gehörten auf diese Weise zum klassizistischen Ensemble. Von der Landstraße führte oft eine lange Allee zum Gutshof. Um in den Vorhof zu gelangen, musste eine Pforte passiert werden. Letzere konnte sich als Torturm zeigen (in Alt-Werder/Vana-Virtsu, Saggad/Sagadi, Sutlep/Sutlema), oder sie wurde von Pavillons oder Obelisken flankiert (Kolk/Kolga, Alt-Fickel/Vana-Vigala, Palms/Palmse).

Gewöhnlich bildeten die Viehställe im Gutshofkern eine Gruppe von Bauten. In der Regel waren sie um einen viereckigen Hof gelagert, doch es fanden sich auch acht- oder zwölfeckige Viehhöfe (in Torma, Talkhof/Puurmani, Heimthal/Heimtali usw.). Meist schlossen sich den Ställen Scheunen für Heu und Stroh an, dazu kamen Geräteschuppen, Milchküchen usw.; zu ihnen gelangte man durch hohe Bogenpforten. Eine Gruppe für sich konnten auch die Bauten der Spiritusbrennerei bilden. Im Zusammenhang mit den letzteren sei gesagt, dass die Branntweinproduktion für die meisten hiesigen Güter zur wichtigsten Einnahmequelle bereits im 18. Jahrhundert wurde. Ende des 18. Jahrhunderts besaßen drei von vier Gutshöfen eine Branntweinküche, die Gesamterzeugung von Spiritus erreichte 17-20 Mio. Liter jährlich.[14] Die Viehzuchtbauten waren meist aus Holz errichtet, die mit der Branntweinproduktion verbundenen Bauwerke bestanden in der Regel aus Stein; nach Angaben des Landvermessers S. Dobermann waren um 1800 die in Harrien, Wierland und in der Wiek befindlichen 344 Branntweinküchen zu 70% (240) Steinbauten. Malerisch wirken konnten auch kleinere Bauten, wie etwa Schmieden, die wegen der Brandgefahr meist abseits errichtet wurden, oft am Parkrand, wobei man sie als „antike Tempel" oder „mittelalterliche Ruinen"[15] maskierte (in Kolk/Kolga, Kedenpäh/Keava, Sellie/Seli, Rosenthal/Orgita).

Während der besprochenen Periode wurden die Gärten und Parks merklich erweitert. Auf manchem Gut, so in Paddas/Pada, Palms /Palmse, Kaltenborn/Norra, Alt-Werder/Vana-Virtsu und Neu-Riesenberg/Uue-Riisipere (Abb. 8), umfassten die mit malerischen Baum- und Sträuchergruppen, Serpentinenwegen, Stauteichen usw. gestalteten Landschaftsteile zu Beginn des 19. Jahrhunderts bereits Dutzende Hektar. „Die Gartenkunst scheint seit wenigen Jahren theure Liebhaberey geworden zu seyn und richtet sich nach englischem Geschmack", bemerkte H.J. v. Jannau 1781.[16]

---

[14] Vgl. O. Ibius, Ühe tööstusharu ajaloost. Tallinn 1977, S. 41-49.
[15] Estnisches Historisches Museum, F. 70, Reg. 1, Nr. 2-4.
[16] H.J. von Jannau, Op.cit, S. 65.

Architektonische Kleinformen belebten die Naturansichten: Pavillons, Lustlauben, Statuen, Brücken, künstliche Ruinen usw. Manchmal waren die Parks als eine Art Schauspiel gestaltet. Ein Reisender, der 1805 das Gut Helmet/Helme besuchte, schrieb Folgendes: *„Nachdem wir eine kleine Weile durch wildromantische Partieen, am krummen Ufer eines geschwätzigen Baches hingegangen waren, verweilten wir an einem runden Gartensitze. Vor uns sammelte sich der Bach in ein Bassin, das von den mannigfaltigsten Laubarten in reizend bunter Unordnung eingeschlossen ist, und nur auf der einen Seite, rechts, erhebt sich, mit dunklen Fichten und weißstämmigen Birken bewachsen, ein mosiger Fels, der unten, wo ihn die Fluten bespühlen, an seiner halb nackten Wand, die zur Hälfte versunkenen Trümmer eines altrömischen Portals mit dorischen Säulen zeigt. Zwischen diesen durch sieht man in eine dunkle Grotte hinein, aus deren tiefstem Grunde ein blasses Lämpchen zu schimmern scheint. Diese Ruine ist mit langem immergrünem Mose und wilden Baumwurzeln behangen. Ihr gerade gegenüber, auf der anderen Seite des Bassins sieht man durch die Bäume durch, auf einen Grabeshügel, unter einer melancholischen Tuja ein hohes Piedestal mit einem Aschenkruge von grauem Stein, das Grabmal einer früh dahingeschiedenen Freundin. ... Wir gingen in die Grotte hinein, und als wir kaum das düstre Flämmchen erreicht hatten, öffnete sich plötzlich seitwärts ein langer unterirdischer Gang mit bunten Lampen hell erleuchtet. Ich glaubte in den Catacomben der alten Römer zu seyn"*[17]. Der gleiche Verfasser erwähnt auch mehrere Pavillons im Park, dessen größter dem Vestatempel in Rom ähnelte, und eine hohe Granitsäule, gewidmet Fr. Schiller. Ein gleichartiges unterirdisches Labyrinth „in altägyptischem Stil mit geistreicher Dekoration" war auch im Helmet/Helme benachbarten Gut Korküll/Koorküla angelegt

---

[17] A. von Rennenkampff, Fragmente aus den Briefen eines Reisenden aus Liefland. 1805, S. 71-74.

worden. Nach einer Lithographie von G. Fr. Schlater aus den 1830er Jahren ist zu schließen, dass es Ähnliches auf dem Gut Kiddijerw /Kiidjärve gab.

Wesentlich ist zu nennen, dass die Gutshöfe nicht die einzigen klassizistischen „Inseln" auf dem Lande waren. Es kamen verschiedene Zwischenformen hinzu, beispielsweise Schenken, Vorratshäuser, Begräbniskapellen bei den Kirchen usw. Um 1800 gab es auf jedem Gut durchschnittlich zwei Schenken, die an der Vorderfront oft Säulen zeigten und die von den Gutshofnebenbauten bekannte Gestaltung fortsetzten. Manche Schenken befanden sich an Wegekreuzungen, und dann konnten sie Säulenreihen an zwei Seiten erhalten (in Arroküll/Koeru-Aruküla, Kuivast/Kuivastu, Awandus/Avanduse usw.) oder mit geschwungenem Grundriss angelegt werden („krumme Schenke" in Ringen/Rangu)[18]. Die Errichtung von Vorratshäusern wurde ab 1799 den Gutsherren zur Pflicht gemacht, damit die Bauern bei Missernten Getreide leihen konnten - auch diese Bauten verbreiteten die klassizistische Gestaltung in den Dörfern.

Die klassizistische Form eignete sich besonders gut für Begräbniskapellen - oft wurden sie als antikes Prostylon gestaltet. Leider sind viele von diesen nicht erhalten. Von den noch heute bestehenden nennen wir etwa die Familienkapelle der Nolckens in Karmel/Kaarma und diejenige der Rennenkampfs in Tarwast/Tarvasta, das Mausoleum Barclay de Tollys in Bechhof/Jageveste sowie die Kapelle der Stackelbergs in Kegel/Keila. Letztere wurde um 1815 von Otto Magnus von Stackelberg entworfen, der als enthusiastischer Erforscher der Antike einer der Mitbegründer des Instituto archeologico war. Bekannt wurde er vor allem durch seine Zeichnungen des Apollotempels in Bassae.[19] Das nach seinen Entwürfen neben der mit-

---

[18] K. Aluve, Maakörtsid ja hobupostijaamad Eestis, Tallinn 1976, S. 7f
[19] Vgl. G. Rodenwaldt, Otto Magnus von Stackelberg. Der Entdecker der griechischen Landschaft. München/Berlin 1957.

telalterlichen Kirche in Kegel/Keila errichtete stilreine Prostylon ist ein schlüssiger Beweis, dass die von ihm unter der heißen Sonne Griechenlands vermessenen Architekturformen geeignet sein konnten, im fernen und kalten nordischen Land aufgeführt zu werden.

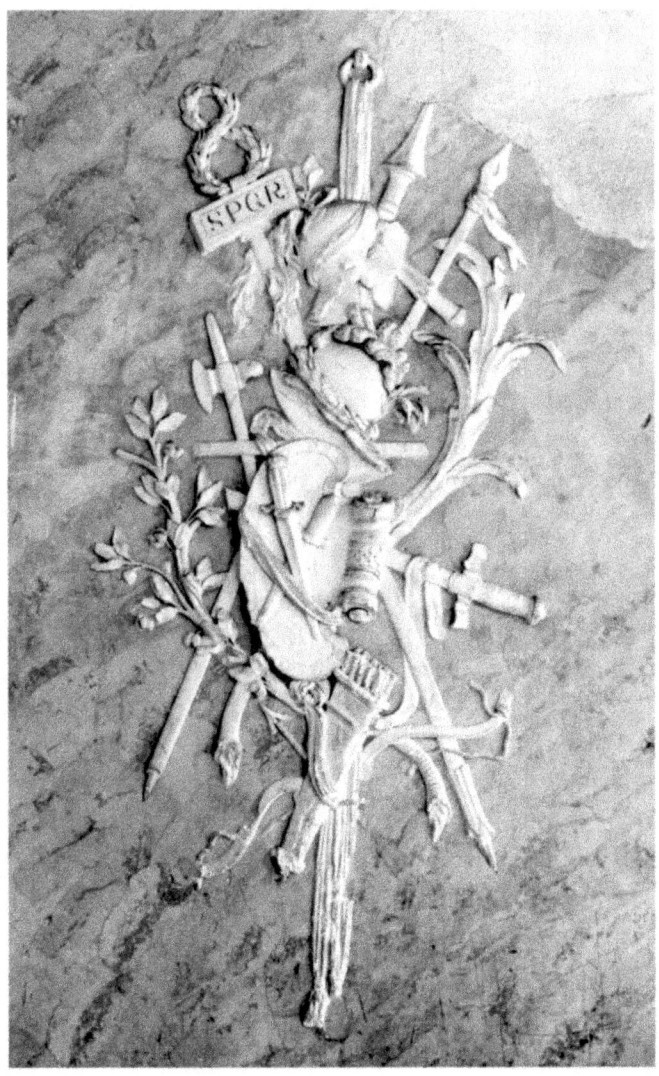

Abb. 1 Kaltenbrunn Stuckrelief im Festsaal
von K. Kalopka 1786

Abb. 2 Alt-Fickel

Abb. 3 Kaltenborn

Abb. 4 Ass

Abb. 5 Kolk

Abb. 6 Hördel

Abb. 7 Sack

Abb. 8 Neu-Riesenberg

DIE HERRENHÄUSER DES NEOKLASSIZISMUS IN LETTLAND UND IHRE STILISTISCHEN WURZELN IN DER BAUKUNST VON KURLAND UND LIVLAND

Dainis Bruģis

Im Erbe der Architektur lettländischer Herrenhäuser treffen wir neben Bauten des Klassizismus vom Ende des 18. bis Anfang des 19. Jahrhunderts eine verhältnismäßig große Anzahl zu Anfang des 20. Jahrhunderts gebauter und umgebauter Häuser, bei denen die verschiedensten Rückblicke auf diesen Stil zu erkennen sind. In mehreren Bauten unterliegen sie zwar in starkem Maße dem Geschmack des damals modernen Jugendstils, jedoch in vielen, insbesondere in den nach der Revolution 1905 wiederaufgebauten und umgebauten Herrenhäusern hat sich der „falsche" Klassizismus dermaßen mit dem echten verflochten, dass es fast unmöglich ist, sie zu entwirren. Sogar die überraschende Ähnlichkeit neugebauter neoklassizistischer Gebäude mit echten Stilmustern hat die Forscher in Verlegenheit gesetzt, zu Fehldeutungen und ganz kuriosen Datierungen geführt. Das dient zum Anlass, sich der Erforschung der Herrenhäuser der genannten Periode ernsthaft zuzuwenden, wobei besondere Aufmerksamkeit der Ermittlung ihrer Prototypen und der allgemeinen stilistischen Quellen geschenkt werden soll.

Der Neoklassizismus, im Vergleich zu den Erscheinungen des Historismus und des Jugendstils, ist und bleibt vorläufig noch immer die am wenigsten erforschte stilistische Richtung der Baukunst vom Anfang des 20. Jahrhunderts. Bisher ist er fast ausschließlich in der Architektur Rigas betrachtet worden, wodurch leider eine deformierte Vorstellung entstanden ist, sowohl von den zeitlichen Grenzen des Neoklassizismus und dessen Verbindung mit anderen Schulen der Architektur als auch von dem sozialen Auftraggeber und dessen Bedeutung für den gesamten Entwicklungsprozess der Architektur Lettlands. Thesenartig sieht das ungefähr folgendermaßen aus: erstens, der Neoklassizismus in Lettland lasse sich erst um 1910 feststellen; zweitens, diese Richtung habe sich in Lettland nur dank der Petersburger Schule des Neoklassizismus und unter deren unmittelbarem Einfluss herausgebildet; drittens, der wichtigste soziale Auftraggeber des Neoklassizismus sei die Großbourgeoisie gewesen, die in dessen edlen Formen eine Möglichkeit gefunden habe, ihre wachsende Macht zu behaupten; und - zuletzt - der Neoklassizismus sei nur eine unbedeutende, dem Jugendstil untergeordnete Richtung ohne selbstständige Ideen und selbstständiges Programm. Somit ist das Anliegen dieses Referats eine Überprüfung der bisherigen Anschauungen vorwiegend aufgrund der Architektur der Herrenhäuser Lettlands.[1]

Wenn man vom Auftauchen des Neoklassizismus in Lettland reden soll, ist es zweckmäßig, einen Rückblick auf die Anfänge dieser Richtung in anderen europäischen Architekturschulen zu tun. So kann man von den Anfängen des Neoklassizismus in Deutschland, wo er ebenfalls um 1910 seinen Höhepunkt erreicht, schon in den 90er Jahren des 19. Jahrhunderts reden. In der Geschichte der russischen Baukunst wird der Anfang dieser Richtung mit ungefähr 1900 datiert, in Estland aber wird als Wendepunkt vom Späthistorismus zum Neoklassizismus ungefähr das Jahr 1895 angenommen. In Zusammenhang mit diesen Datierungen muss man auch die Tätigkeit mehrerer Rigaer Architekten betrachten. Einer der revolutionärsten in dieser Hinsicht ist der Architekt Otto Hoffmann (1866-1919). In mehreren in den 90er Jahren des 19. Jahrhunderts von ihm gebauten Häusern (z.B. im Haus der Taubstummenanstalt, Pro-

---

[1] Ausführlicher über das Thema: Bruģis, Neoklasicisms un Latvijas 20.gs. sākuma pilu arhitektūra//Materiāli feodālisma posma Latvijas mākslas vēsturei. Riga. 1984. - 4.sēj. S. 157-199.

jekt 1896) zeichnet sich schon eine Neigung zu stabilen, vereinfachten Massen und zu einem dezenten, im Stil des Klassizismus geformten Dekor ab, der von den damals in den Baukünsten Rigas herrschenden dekorativen Unmäßigkeiten stark abstach.

Eine Wende vom Historismus zum Neoklassizismus lässt sich auch in der Architektur einzelner um die Jahrhundertwende gebauter Herrenhäuser Lettlands beobachten. Hierin muss als erster der Rigaer Architekt Wilhelm Neumann (1849-1919) mit seinem im Jahre 1900 für Michael Fürst Lieven projektierten Schloss Pelzen/Pelci[2] genannt werden. Wenn auch im schönen Ziegelbau gleichermaßen Motive der französischen Renaissance und des Jugendstils verwendet sind, erlaubt die für die Herrenhäuser des kurländischen Klassizismus charakteristische Planung mit symmetrischen Risaliten, die Anwendung der Lisenen und des klassischen Giebels sowie eine gewisse Sterilität der Fassaden, vom Hauch des nahenden Neoklassizismus zu reden.

Ganz unzweideutige Beispiele des Stils Louis XVI. sind in einem anderen Werk W. Neumanns ausgenutzt worden - in dem im Jahre 1901 unweit von Dünaburg/Daugavpils gebauten Schloss Jusefow/Juzefova. Der Bau sieht für Lettland etwas fremdartig aus, deshalb ist es gut möglich, dass als sein Vorbild eine Villa in der Nähe von Paris gedient hat, wie es in einer polnischen Architekturforschung behauptet wird.[3]

Von dem recht breiten Stil W. Neumanns zeugt auch die im Jahre 1902 gezeichnete Skizze für das Herrenhaus des Gutes Taiwola/Taheva (Abb. 1) von M. von Wulff in Nordlivland (jetzt Estland) - ein charakteristisches Beispiel des sogenannten

---

[2] Das Projekt befindet sich im Heimat- und Kunstmuseum der Stadt Goldingen/Kuldiga, Inv.Nr. 25479.
[3] R. Aftanazy, Materialy do dziejow rezydencji, T. III a, Warszawa, 1987, S. 276.

„Heimatstils". Diese vom Jugendstil stark beeinflusste Skizze ist gewiss kein besonderer Erfolg des Architekten, jedoch ist sie von Bedeutung als eines der frühesten Beispiele in der Tätigkeit der Rigaer Architekten, in dem so offen als Leitmotiv des Projektes verallgemeinerte Wiederholungen der Architektur livländischer Gutshöfe ausgenutzt sind. Dem Architekten ist wohl hierin sowohl sein breites Studium der Kunstgeschichte zustatten gekommen (er war Autor der ersten Kunstgeschichte des Baltikums) als auch seine reiche Erfahrung als Restaurator (W. Neumann war Leiter der Wiederherstellung des Rigaer Doms). In seiner weiteren Tätigkeit hat W. Neumann mehrere sehr typische Werke des Neoklassizismus geschaffen (z.B. die Vorhalle des Rigaer Doms 1906 und die Leichenhalle des Waldfriedhofs in Riga 1912), doch im Ganzen konnte er sich von der den Baumeistern der Epoche des Historismus eigenen stilistischen Inkonsequenz nicht befreien. So wurde er nicht zu einem prinzipiellen Verkünder der Ideen des Neoklassizismus.

Ein zweiter Rigaer Architekt, dessen Wirkung im Lebendigwerdenlassen des Neoklassizismus bislang noch keine Einschätzung erhalten hat, ist der allzu früh verstorbene August Reinberg (1860-1908). Nach Beendigung des Rigaer Polytechnikums praktizierte er von 1890 bis 1899 in St. Petersburg. Gerade in seiner Tätigkeit kann man mehr als sonst von einem gewissen Einfluss der Petersburger Schule reden. Ein gutes Beispiel dazu sind die Interieurs des von ihm projektierten Gebäudes der Staatsbank in Riga (1902), wo typische Entlehnungen des russischen Empires ausgenutzt sind. Indessen ist es ganz falsch, die von Reinberg projektierten Bauten als Nachahmungen des russischen Neoklassizismus zu bewerten. Der mit feinem Geschmack begabte Architekt verkörperte die Konzeption des Neoklassizismus in einer den Traditionen des einheimischen Bauwesens nahen Gestalt und tat hierin einen großen Schritt zum Verständnis des Neoklassizismus, der hier erst um 1910 zum dominierenden Baustil wurde.

Da die theoretische „Stildiskussion" in der damaligen Baukunst Lettlands nur in zufälligen Aussagen zu uns gekommen ist, sind es gerade die Bauten Reinbergs, die uns eine der möglichen Varianten der Entwicklung der Architektur anschaulich vorführen. So unterschied sich das Projekt für das Rigaer Stadthaus bedeutend von den anderen Wettbewerbsarbeiten, deren Autoren (hauptsächlich Ausländer) pompöse Improvisationen zum Thema Gotik und Manierismus anboten.

Im Projekt A. Reinbergs sind die in Riga als Großstadt des russischen Zarenreiches kennzeichnenden Motive des Empire mit Elementen der Architektur Rigas von Ende des 18. Jahrhunderts verschmolzen und gewinnen somit ein argumentiertes und in der Bebauung des umgebenden Stadtraumes fundiertes Ergebnis. Dasselbe kann man auch vom Rigaer Russischen Theater (1900-1902) behaupten, an dessen prunkvollen Fassaden die Beeinflussung des Architekten von den beliebten Motiven der Autoren des Rigaer Klassizismus vom Ende des 18. Jahrhunderts (besonders Christoph Haberland, 1750-1803) schon unverkennbar zu spüren ist.

Das den Werken von Reinberg eigene Heimatgefühl, die Konkretheit und zugleich der verallgemeinerte Pietismus waren wohl die Ursachen, weshalb er schon in dem erwähnten Wettbewerb der Projekte für das Herrenhaus Taiwola siegte. Dieses vor 1905 gebaute Haus vereinte in sich ziemlich erfolgreich Stilelemente des Klassizismus und des örtlichen Barock. In vielen Details hat es, nicht einmal auf geschichtliche Genauigkeit prätendierend, gleich einem impressionistischen Bild, eher einen sinnlichen Widerschein dieser schon vergangenen Zeit festgehalten. Man muss bemerken, dass in der Architektur und in den Interieurs des Herrenhauses Taiwola schon etwas von der Überästhetisierung und dekadenten Harmonie, die zu einem der Wesenszüge der neoklassizistischen Architektur der Herrenhöfe nach der Revolution 1905 wurde, spürbar ist.

Die Motive der Entwicklung des Neoklassizismus waren in Lettland zweifellos dieselben wie sonstwo in der Welt und wurzelten in der damaligen Krise der Baukunst. Hinter sich hatte man den Historismus, dessen reproduzierende Schaffensmethode ihre Möglichkeiten schon erschöpft hatte. Vor sich ahnte man die vagen Umrisse der Ideen des Funktionalismus, zu deren Materialisierung sowohl die Architekten als auch die Gesellschaft moralisch noch nicht reif waren. Auf der Schwelle unseres Jahrhunderts hatten die meisten Architekten gegen die Priorität der Funktion und einer sinnvollen Konstruktion nichts einzuwenden, jedoch hatten sie Angst, einer seelenlosen Massenproduktion freien Lauf zu lassen, bemüht, die These von der Baukunst als eine Kunst aufrechtzuerhalten, die die Aufgabe hat, ein einzigartiges Kunstwerk zu schaffen. Die Architekten erkannten die Funktion als Bedingung, als organisierende Kraft an, doch sie lehnten sie als Ziel ab, das man mit allen Mitteln anstreben sollte. Die überwiegende Mehrheit von ihnen suchte nach einer Möglichkeit, die Idee der „Sachlichkeit" mit traditionellen Mitteln zu verkörpern, indem man dem Gebäude eine symbolisch bildhafte Gestalt verlieh, die durch bestimmte Verbindungen entsprechende Formen ausdrückte. Zweifellos wurde um die Jahrhundertwende zur fortschrittlichsten und verheißungsvollsten künstlerischen Richtung der Jugendstil. Theoretisch ein Gleichgewicht zwischen der Funktion und dem Dekor bewahrend, strebte der neue Stil zur Schaffung eines noch nie dagewesenen Systems der Gestalten und der Ornamentik. Jedoch es war keine bedeutende Lösung des Entwicklungsproblems der Architektur, und der Jugendstil musste die Bühne räumen, bevor er das Versprochene geleistet hatte.

In solchem Kontext muss der Neoklassizismus als vielleicht der rationellste Versuch betrachtet werden, die funktionalen und die ästhetischen Voraussetzungen der Architektur im Gleichgewicht zu erhalten. Gerade die Rückkehr zur klassischen Ordnung, zur klassischen Klarheit war der Weg, der die

Wiedergeburt der Architektur in neuer Qualität versprach. Besonders fesselnd war das in der Architektur der Herrenhäuser, die in der Epoche des Historismus die Verbindung mit der historischen Bebauung der Gutshöfe verloren hatte und von den örtlichen Bautraditionen ganz abgetreten war.

Für die Entwicklung des Neoklassizismus in der Architektur der Herrenhäuser Lettlands spielten eine riesengroße Rolle auch die Ereignisse der Revolution 1905-1906. Die breite Welle der Zerstörung und Brandlegung der Schlösser schuf nicht nur ein rein physisches Bedürfnis nach dem Bau neuer Häuser, sondern bedingte auch in starkem Maße ihr Aussehen.

Die Revolution war für den baltischen Adel nicht nur eine politische, sondern auch eine ethische und ästhetische Katastrophe, durch die beinahe alle bis dahin stabilen, scheinbar ewigen Werte vernichtet wurden. Die vom Modernismus deklarierte Ablehnung der alten Kultur fiel hier tragischerweise mit der Brandlegung der Schlösser zusammen und wurde mit Recht als ein Versuch aufgefasst, das jahrhundertelang gehegte und gepflegte Erbe zu vernichten, das der Forscher der baltischen Schlösser H. Pirang das Werk der großen baltischen Familie nannte. Als Ergebnis gewann durch den Wiederaufbau der Herrenhäuser das Standesbewusstsein, das Bewusstwerden der Traditionen die Oberhand über verschiedene moderne Geschmacksrichtungen und den Wunsch, sich ein bequemes bürgerliches Heim zu schaffen. Nicht unwichtig ist es auch, dass die meisten der zum Wiederaufbau der Herrenhäuser herangezogenen Architekten in Lettland geboren oder wenigstens eingewurzelt waren und dass auch in ihren Vorstellungen das Gefühl für die örtlichen Traditionen einen bestimmten Platz einnahm. Die Traditionen, sogar ein gewisser Kult der Traditionen, vereinten in diesem Aufbauwerk den Auftraggeber und den Beauftragten und bedingten diese gerade für den Neoklassizismus Lettlands spezifische Formenwahl.

Die Plejade der nach 1905 wiederhergestellten und neugebauten Herrenhäuser muss allerdings mit der Arbeit eines Architekten aus Deutschland - Paul Schultze-Naumburg (1869-19..) - bei der Wiederherstellung des Schlosses Katzdangen/Kazdanga in Kurland eröffnet werden. Er war damals der führende deutsche Theoretiker der regionalen Architektur und des Neoklassizismus. Sein bedeutendstes Werk kam unter dem Titel „Kulturarbeiten" von 1901-1917 in neun Bänden heraus und erlebte mehrere Ausgaben. P. Schultze-Naumburg wirkte auch als praktizierender Architekt und hat hauptsächlich Schlösser und Einfamilienhäuser in Deutschland, Ungarn, Kroatien und anderen Ländern gebaut. Während der Wiederherstellung des Schlosses Katzdangen war Schultze-Naumburg der künstlerische Leiter der Architektur- und Baufirma in Saaleck bei Kösen in Thüringen. Schon der Name des berühmten Theoretikers und Praktikers des Neoklassizismus allein lässt dieses Bauvorhaben mit besonderer Aufmerksamkeit betrachten. Weiterhin gewährt der im Staatlichen Historischen Archiv Lettlands gefundene Briefwechsel zwischen dem Architekten und dem Besitzer des Gutes Karl Baron Manteuffel[4] einen Einblick in mehrere interessante Einzelheiten dieser Unternehmung. Diese Arbeit ist von Bedeutung auch als treffendes Beispiel für die Einheit der theoretischen Richtlinien und der praktischen Lösungen.

Der Auftrag der Wiederherstellung des Schlosses (wenigstens seiner äußeren Gestalt) schuf zwar kein besonderes Problem. Vom Architekten wurde konsequente Wiederherstellung des Baus in dessen ursprünglicher äußerer Gestalt verlangt, und das von J.G. Berlitz im Jahre 1800 gebaute Schloss (das größte Schloss des Klassizismus in Kurland) musste wohl auch dem neoklassizistischen Ideal von Schultze-Naumburg sehr nahe sein. Mehr Probleme entstanden in den Innenräumen, wo der

---

[4] Staatliches historisches Archiv Lettlands Riga (SHAL), Fond 1100, Verzeichnis 9, Akte 18.

Architekt die im Jahre 1882 nach dem Geschmack des Historismus ausgeführten Änderungen beheben und den Wunsch des Besitzers zügeln musste, die funktionale Einteilung der Räume zu modernisieren, was die authentische Gestalt des Schlosses gefährden konnte. Es ist interessant, dass zur Wiederherstellung des Schlosses nicht nur dessen alte Abbildungen, sondern auch Analogien ausgenutzt wurden, und zwar ein Foto des Interieurs des Schlosses Mesothen/Mežotne. Auch die Möbel des Schlosses wurden als Kopien der Originalvorbilder vom Anfang des 19. Jahrhunderts hergestellt. Die Wiederherstellung des Schlosses wurde 1907 in Angriff genommen, aber anlässlich des Ersten Weltkrieges wurde sie nicht zu Ende geführt. Einen Begriff von den wiederhergestellten Interieurs gibt nur die Einrichtung des sogenannten Kavalierhauses, gekennzeichnet durch aristokratische Vornehmheit, dezente und zugleich äußerst feine Eleganz.

Ob die Arbeit von Schultze-Naumburg an der Wiederherstellung des Schlosses Katzdangen die Architekten Lettlands ebenso beeindruckte wie seine theoretischen Arbeiten[5], ist uns nicht bekannt, doch um so interessanter ist dafür die Auseinandersetzung mit der Arbeit seines Schülers Leo Reynier (1880-....) an der Wiederherstellung und am Bau der kurländischen Herrenhäuser. Der aus Prag gebürtige Architekt kam nach Lettland Anfang 1907 als Vertreter der Firma Saaleck bei der Wiederherstellung des Schlosses Katzdangen. Schon im Herbst desselben Jahres brach er mit der Firma von Schultze-Naumburg und begann seine Privatpraxis.

Eine der ersten selbstständigen Arbeiten Reyniers in Kurland war die Wiederherstellung des Schlosses Rudbahren/Rudbarži des Barons von Fircks (Projekt 1908). Ebenso

---

[5] In welchem Grade die Architekten im Baltikum von den theoretischen Werken Schultze-Naumburgs beeinflusst waren, bezeugt schon der Artikel von H. Prang, Alt Rigasche Höfchen. In: Jahrbuch für bildende Kunst in den Ostseeprovinzen, Riga, 1912, S. 3-34.

wie in Katzdangen befreite der Architekt das 1835 gebaute Schloss vom Beiwerk der französischen Neorenaissance der 80er Jahre des 19. Jahrhunderts, das hier auch die äußere Gestalt des Gebäudes stark entstellt hatte, und gab ihm die bedingte ursprüngliche Form zurück. Diese Wiederherstellung muss im Vergleich zum Schloss Katzdangen zweifellos als weniger konsequent gewertet werden, denn das Schloss behielt viele der ursprünglichen Gestalt fremde Details bei. Der wirkungsvollste Teil des Projektes bezieht sich auf die Parkfassade, die (womöglich unter dem Einfluss des Schlosses Katzdangen) eine eindrucksvolle, ‚von einer Attika gekrönte Säulenhalle erhielt. Gerade die Säulenhalle, die ovalen Fenster des Risalits und eine Reihe anderer Details verliehen dem schlichten Gebäude eine gewisse poetische Süßigkeit und ließen die Urgestalt des Hauses gegenüber der neoklassizistischen Stimmung zurücktreten. Im Ganzen muss jedoch das Ergebnis der Tätigkeit Reyniers in Rudbahren als ziemlich mittelmäßig gewertet werden. Sie gab dem Gebäude seine ursprünglichen Werte nicht zurück, sondern ergänzte es nur bedingt mit erkünsteltem und überschönertem Beiwerk. Den kühlen, etwas trockenen Stil des Architekten kennzeichnet auch der allzu abstrakte und stilisierte Dekor der Innenräume. Für den Gutshof Rudbahren hat L. Reynier auch eine Schmiede und eine Wagenremise projektiert, wobei er ohne viel Phantasie verschiedene an den kurländischen Wirtschaftsgebäuden der ersten Hälfte des 19. Jahrhunderts verbreitete Motive zusammentrug.

Gewissermaßen beispielgebend war das Schloss Katzdangen auch für den von Reynier projektierten Umbau des Schlosses Kautzemünde/Kaucminde des Grafen von der Pahlen (nach 1907). Hier hat der Architekt das in der zweiten Hälfte des 18. Jahrhunderts gebaute Herrenhaus mit den anfänglich freistehenden Seitengebäuden verbunden und sie dabei durch ein Mansardengeschoss erhöht. Halbrunde Rotundentürme und von Kuppeln gedeckte Mansardenausbauten lockerten hier die recht öden und langen Fassaden auf und dienten zugleich als stilistische Assoziationen mit echten Vorbildern der Epoche des Klassizismus. An den Stellen, wo das Hauptgebäude mit den Seitenflügeln zusammenschließt, hat L. Reynier das Motiv einer von der Mansarde gedeckten Durchfahrt ausgenutzt, das in verschiedenen Variationen in einer Reihe kurländischer Gutshöfe des 18. Jahrhunderts anzutreffen ist.

Dasselbe Motiv hat der Architekt am Gutshof Blankenfeld/Blankenfelde der Barone von Hahn erfolgreich verwendet, wo eine solcherart ausgebaute Torfahrt mit einem Wohnhaus des 18. Jahrhunderts ein bescheidenes, doch zugleich anmutiges architektonisches Ensemble bildete.

Etwas von Reminiszenzen des Schlosses Katzdangen ist auch an dem von Reynier gebauten Herrenhaus des Gutes Waddax/Vadakste zu spüren (1911-1914, Besitzer Baron P. v. Bis-tram), in dessen Gesamtgestaltung, allerdings den kleinen Ausmaßen des Gebäudes entsprechend, ein verallgemeinerter Prototyp der kurländischen Herrenhäuser des 18. Jahrhunderts ausgenutzt worden ist. Der Halbkreisrisalit der hinteren Fassade ist hier sowohl als assoziatives Bild mit geschichtlicher Argumentation als auch als interessanter Bauumfang verwendet, dessen Form in der Gestalt von bizarren Erkern auch im seitlichen Teil der Fassade wiederholt ist. Auch im Interieur dieses Baus hat der Architekt seine Askese behauptet, indem er die dezenten Motive des Neoklassizismus weniger zur Verschönerung der Räume denn als bedingte Zeichen zur Andeutung des stilistischen Ideals ausnutzte.

Der Häusertyp mit einem zentralen Quergiebel und einem Mansardendach weckt gewisse Assoziationen auch in dem von Reynier projektierten Herrenhaus von Abgunst/Apgunste (1910er Jahre, Besitzer S. von der Pahlen). Dabei bekundet der Autor gar nicht den Wunsch, einen authentischen Bau des 18. Jahrhunderts zu imitieren. Statt sich der Verlockung süßlicher poetischer Reminiszenzen hinzugeben, hat er mit gewisser

Selbstachtung die moderne Herkunft dieses Herrenhauses betont.

Die Potenzen Reyniers zur Schaffung eines poetischen und der kurländischen Baukunst nahen Gebildes deckt ein solcher architektonisch bescheidener Bau wie das Herrenhaus Wiexeln/Viksele der Barone von Oelsen auf. Sogar trotz des scheinbar erdachten Balkons und des sonderbaren Dachausbaus erscheint dieses kleine, von einem Satteldach gedeckte Gebäude wie eine wehmütige und liebe Illustration einer schon längst vergangenen Zeit. Wie seinerzeit H. Pirang schrieb: „ ... es ist frei von Stilmotiven, die zur beliebigen Auswahl in Musterbüchern enthalten sind, hat aber dennoch mehr „Stil" im eigentlichen Sinne des Wortes, als Dutzende von anderen Bauten mit ungerechtfertigten Prätensionen. Das schlichte Wiexeln ist ein entzückendes kleines Meisterwerk von echt bodenständiger Eigenfärbung".[6]

Das Gegenteil möchte man von dem Umbau des Schlosses Groß Autz/Lielauce der Grafen von der Pahlen behaupten (1912), als dessen Autor hypothetisch Leo Reynier angenommen wird. Das schöne, eindrucksvolle, in Empireformen gebaute Haus hat im Ergebnis des Umbaus einen stilistisch vollkommen ungerechtfertigten Mansardenausbau und allzu vordringliche Fassadenverzierungen bekommen. Das stark eklektische Resultat an den Fassaden hat der Autor offenbar durch recht effektvolle, im Empirestil erdachte Interieurs zu kompensieren versucht. Die Öfen, Kamine, Deckenverzierungen und Friese im Stil des Empire sind in genauen, doch zugleich auch allzu abstrakten und nüchternen Formen gebildet, als dass man hier von einer Ausnutzung irgendwelcher konkreter örtlicher Vorbilder reden könnte.

Mit dem Umbau eines echten klassizistischen Schlosses verknüpft sich in gewisser Hinsicht der Name Reyniers im Gu-

---

[6] H. Pirang, Das baltische Herrenhaus. III. Teil, Riga 1930, S. 14.

te Groß-Eckau/Lieliecava der Grafen Pahlen. Allerdings hat hier der Architekt nicht in die authentische Architektur des Schlosses eingegriffen, sondern nur den Bibliothekflügel angebaut, wobei er sehr verallgemeinerte Motive des Klassizismus ausnutzte.

So streng wir auch an das Erbe Reyniers heute herangehen, unbestreitbar ist seine Fähigkeit, sich in die Traditionen der kurländischen Architektur einzufühlen, um einem bildhaft emotionalen Verständnis für sie näherzukommen, was einem nichtlettischen Architekten zum Lob gereichen kann.

Unter den Architekten aus Deutschland, die die Herrensitze Lettlands wiederhergestellt haben, muss unbedingt auch Hermann Pfeiffer-Braunschweig genannt werden, der 1909 ein Projekt zur Wiederherstellung des niedergebrannten Schlosses Dondangen/Dundaga[7] der Barone von der Osten-Sacken ausarbeitete. Die umfangreiche mittelalterliche Festung, die bis dahin schon mehrere Aufschichtungen bekommen hatte, wurde nun nach dem Geschmack des Neoklassizismus mit einigem bedingt mittelalterlichen und auch barocken Beiwerk wiederhergestellt. An den dezenten Fassaden, besonders an der Hofseite, erschienen Risalite und Erker mit Mansardendächern, kokette ovale Fensterchen und kleine gemütliche Balkone. Auch im Innern des Schlosses wurde die mittelalterliche Enge durch breite, helle, mit routinierter Eleganz gebildete Interieurs abgelöst, wo stark stilisierte Motive des Barocks und des Klassizismus Anwendung fanden.

Das dem Charakter dieses mittelalterlichen Baus wenig entsprechende Beiwerk hat seinerzeit schon H. Pirang streng kritisiert. Einerseits kann man dem Architekten schwerlich etwas vorwerfen, denn das Schloss wurde als Wohnheim restauriert, nicht als Museum, jedoch rechtfertigt auch diese Erkennt-

---

[7] SHAL, Fond 6828, Verz, 6, Akte 796-798.

nis nicht ganz des Architekten recht oberflächliches Verhalten zu den authentischen Werten eines so alten Baus.

Die meisten der nach der Revolution von 1905 gebauten und wiederhergestellten Herrenhäuser in Lettland sind aber nach Projekten örtlicher Architekten entstanden. Viele davon bekunden glänzendes Stilgefühl, Pietät zum heimatlichen Erbe der Architektur aus früheren Jahrhunderten und die Fähigkeit, dieses reiche und vielfältige Erbe schöpferisch auszunutzen.

Als erster in dieser Architektengruppe muss der Architekt Max Paul Bertschy (1840-1911) aus Libau/Liepāja hervorgehoben werden, der zusammen mit seinen Söhnen Max Theodor (geb. 1871) und Guido (geb. 1878) an der Wiederherstellung sehr vieler niederkurländischer Herrenhäuser teilgenommen hat. Bei der Überprüfung der von ihm wiederhergestellten Bauten, solcher wie die Herrenhäuser Altenburg/Vecpils, Strocken/Stroki, Gawesen/Gavieze, Ordangen/Ordanga, Kroten/Krote u.a., muss man feststellen, dass er überhaupt selten die ursprüngliche Gestalt der Gebäude verändert hat. Dieser schon ältere Architekt, der über 40 Jahre sich als hervorragender Meister des Historismus bewährt hatte, scheint zu der Erkenntnis gekommen zu sein, dass nichts das Original übertreffen kann - die echte Urgestalt des Baus, die die Prüfung der Zeit bestanden hat. Da die meisten der von M.P. Bertschy wiederhergestellten Herrenhäuser gerade in der ersten Hälfte des 19. Jahrhunderts gebaut worden waren, stimmte diese Einstellung glücklicherweise mit den stilistischen Versuchen in der Richtung des Neoklassizismus und dem prinzipiellen Standpunkt im Erkennen der Werte der regionalen Baukunst überein.

Mehr schöpferische Neuerungen hat sich M.P. Bertschy nur bei der Wiederherstellung des Schlosses Dserwen/Dzērve des Barons N. v. Manteuffel (Projekt 1911) erlaubt, die er zusammen mit seinem älteren Sohn Max Theodor vollbrachte. Das Mansardendach und die durch Attika und Balustrade betonte Säulenhalle konnten natürlich die Gestalt dieses um 1870 gebauten Hauses nicht völlig verändern. Aber das genügte, um das für seine Zeit moderne, nun aber offensichtlich allzu prosaische Herrenhaus intimer, anmutiger und vielleicht auch vertrauter im Gesamtbild der Architektur der kurländischen Gutshöfe zu machen. Sogar interessanter als die Architektur des Baues sind seine Interieurs, deren Details - Türflügel, Paneele, Fensterläden, Treppengeländer und sogar die weiß glasierten Öfen - den in den Herrenhäusern der Zeit des kurländischen Empire und Biedermeier anzutreffenden Prototypen genau entsprachen.

Als Neubau, in dem der persönliche Stil des Architekten - in diesem Falle der von Guido Bertschy - freier zum Ausdruck kommen konnte, ist sehr interessant das für Baron H. v. Medem gebaute Herrenhaus Berghof/Kalnamuiža unweit von Schrunden/Skrunda (Abb.2). Dieses kleine, aus unverputzten Ziegeln gebaute Haus mit Mansardendach wirkt wie eine poetische Variation des kurländischen Herrenhauses vom 18. Jahrhundert; sie betont zugleich seine gemütliche, ja sogar spielerische Art. Interessant ist es auch, wie der Autor die Interieurs behandelt, indem er die Ausstattung der Räume bald in Rokoko, bald in Klassizismus, bald in Empire projektiert. An Stelle der Konsequenz eines Stils hat der Architekt eine Imitation anscheinend echter, durch Jahrhunderte zu uns gekommener Interieurs angeboten, ohne dabei ihren modernen Ursprung zu verhehlen. Die Interieurs des Herrenhauses Berghof sind heute teilweise restauriert und können als schönes Beispiel der Kultur der Interieurs kurländischer Gutshöfe des Neoklassizismus dienen.

Außer der Architektendynastie Bertschy, deren Tätigkeit seinerzeit I. Lancmanis erforscht hat[8], gibt es ziemlich viele örtliche Architekten, die die Ideen des Neoklassizismus in der

---

[8] I. Lancmanis, Zur Architekturgeschichte des Historismus in Lettland. Die Bautätigkeit der Architektenfamilie Bertschy auf dem Lande. In: Homburger Gespräch, Heft 7, Bad Homburg 1985, S. 140-157.

Architektur der Herrenhäuser verkörpert haben. Darunter waren übrigens auch mehrere Vertreter der baltischen Adelsgeschlechter. Durch ihre Tätigkeit haben sie unmittelbar die Einheit der ästhetischen Ideale des baltischen Adels als Auftraggeber für die schöpferischen Versuche der Architekten verkörpert.

Ein interessantes Beispiel dafür ist das von Baron Gerhard von Tiesenhausen (1878-1917) zusammen mit Paul Kampe projektierte neue Herrenhaus des Gutes Lindenberg/Tinūži in Livland, gebaut 1912 (Abb. 3). Gleich den meisten der betrachteten kurländischen Bauten haben auch hier als Stilmuster bescheidene Vorbilder der Architektur der Gutshöfe vom Ende des 18. Jahrhunderts gedient. An den in Riga im Kaiserwald gebauten vielen Einzelhäusern hat Baron von Tiesenhausen das Mansardendach und andere Elemente der alten Architektur ausdrücklich verändert, um dem Geschmack des Jugendstils gerecht zu werden, so sind sie hier ohne besondere Korrektionen verwendet worden. Bewundernswert sind einzelne Details (z.B. die mit Rokokoschnitzereien versehene Außentür), deren Ausführung von gutem Kennen der Muster dieses Stils zeugt. Auch das Gesamtbild des Baus mit dem sonderbar anmutenden vieleckigen Risalit hat der Architekt am ehesten konkreten Motiven der kleinen Gutshöfe in der Umgebung Rigas abgeguckt (z.B. auf dem Gutshof Ebelshof).

Ein anderer adliger Architekt - Baron Balthasar von Campenhausen - ist mehr bekannt als Innenarchitekt. Nach seinen Skizzen ist die Gestaltung und Einrichtung der Innenräume in dem 1905 niedergebrannten Schloss Neuenburg/Jaunpils wiederhergestellt worden, das wird noch besonders betrachtet werden, sowie auch in dem alten Familiennest der Barone von Behr - im Schloss Edwahlen/Ēdole. In beiden Fällen können die einem breiten Stilbereich (vom Barock bis Biedermeier) entsprungenen Vorschläge des Architekten ziemlich eklektisch und etwas naiv erscheinen.

Doch im Ergebnis erlaubten sie, wenigstens als Imitation den alten Bauten etwas von der Vielfalt der authentischen Interieurs zurückzugeben und die starre Sterilität zu vermeiden, die z.B. im Schloss Dondangen zu beobachten war.

Baron von Campenhausen hat als Innenarchitekt auch am Schloss Virginahlen/Vergale der Barone v. Behr, in Groß-Iwanden-/Lielivande und an mehreren anderen kurländischen Herrenhäusern gearbeitet.

Als eine kleine, doch für das Verständnis des Neoklassizismus interessante Episode erscheint das vom Architekten Baron Max Alex. von der Ropp für das Herrenhaus Neu-Autz/Jaunauce in Kurland projektierte Interieur, das H. Pirang als „eine stilgerecht nachempfundene, geschmackvolle Arbeit" [9] bewertet hat.

Als Symbol des Neoklassizismus in Lettland, insbesondere in der Architektur der Herrenhäuser, gilt der Architekt Wilhelm Bockslaff (1858-1945). Er ist nicht nur der produktivste Restaurator der niedergebrannten Schlösser und Herrenhäuser, sondern auch derjenige Meister, der in seinem Schaffen sich am meisten dem Verständnis für den spezifisch baltischen Neoklassizismus genähert hat. W. Bockslaff ist in Riga geboren und großgeworden, und sein Stil hat sich unter unverkennbarem Einfluss des sog. Rigaschen bürgerlichen Klassizismus vom Ende des 18. Jahrhunderts (P.J. Bock, M. Schons, Chr. Haberland u.a.) herausgebildet.

Von besonderer Bedeutung ist natürlich der Einfluss von Christoph Haberland, und hierin mag schon eine gewisse Rolle gespielt haben, dass W. Bockslaff selbst in einem von Haberland projektierten Haus wohnte.

Dass die Werke seines großen Vorläufers ihm nahe waren, merkten seine Zeitgenossen schon in dem von Bockslaff im

---

[9] H. Pirang, Das baltische Herrenhaus, II. Teil, Riga 1928, S. 38.

Geiste des frühen Neoklassizismus projektierten Bau des Hauses Iwanieszki-Wassilenko in Riga (1900-1902). Der Architekt hat auch kein Hehl daraus gemacht, dass er die Bauten Haberlands in Riga sowie die von Haberland projektierten Herrenhäuser in Üxküll/Ikšķile, Zarnikau/Carnikava u.a. studiert hat.

Ein zweites, nicht minder wichtiges Moment in der Herausbildung der Eigenart Bockslaffs war seine Beteiligung an verschiedenen Wiederherstellungsunternehmungen seit seiner Beteiligung an der Restaurierung des Rigaer Doms während seiner Studentenjahre. Die Vertiefung in die Spezifik der örtlichen Architektur erhöhte sein Verständnis dafür und erlaubte ihm, viele mit Restaurierung verbundene Bauvorhaben in den Gutshöfen Lettlands zu verwirklichen.

Mehrere solche Arbeiten Bockslaffs sind mit der Wiederherstellung mittelalterlicher Schlösser verbunden und scheinen auf das Thema Neoklassizismus wenig Bezug zu haben. Aber so sieht es nur im ersten Augenblick aus. So hat der Architekt z.B. bei der Wiederherstellung des niedergebrannten Schlosses Groß-Roop/Lielstraupe (beendet 1909) dem alten Bau so viel Achtung und Liebe erzeigt, wie sie den Architekten der Epoche des Historismus völlig fremd war[10]. Die auf geschichtlichem Material, Untersuchungen und Analogien gegründete Wiederherstellung des Schlosses Groß-Roop können wir schon mit Recht als Vorläufer einer wissenschaftlichen Restaurierung betrachten. Die Überführung des aus einem authentischen altrigaschen Haus entnommenen Ofens aus dem 18. Jahrhundert ins Schloss erscheint schon als ein ganz modernes Restaurierungsverfahren. Auch die Gesamtkonzeption der Wiederherstellung des Schlosses scheint keine Alternative zu haben, da man ihm nicht das abstrakt ursprüngliche Aussehen zurückgab, sondern

---

[10] Die Wiederherstellung des Schlosses Groß-Roop ist von dem Architekten selbst beschrieben worden. Siehe: W. Bockslaff, Schloß Groß-Roop in Livland. In: Jahrbuch für bildende Kunst in den Ostseeprovinzen, Riga, 1909, S. 133-137.

die schöne Gestalt aus der Zeit der Grafen Lacy (erstes Drittel des 18. Jahrhunderts) in sehr konkreten Formen der Architektur und des Dekors.

Einen ähnlichen Weg hat der Architekt auch bei der Wiederherstellung des Schlosses Neuenburg der Barone von der Recke in Kurland beschritten. In den Innenräumen war es physisch nicht möglich, den verlorengegangenen künstlerisch wertvollen Dekor und eine Reihe anderer Elemente wiederherzustellen, doch in der Architektur des Schlosses mied Bockslaff noch mehr als in Groß-Roop jegliche Neuerungen.

Die Abtragung des im 19. Jahrhunderts errichteten Küchenanbaus, an dessen Stelle „mittelalterliche" Erker geformt wurden, kann man zwar als Eingriff in die authentische Gestalt des Baues betrachten, jedoch muss man zugeben, dass das mit geziemendem Takt und Stilgefühl geschah.

Lobenswert ist auch W. Bockslaffs Arbeit am Schloss Nurmhusen/Nūrmuiža, das allerdings zum Unterschied von den oben genannten im Jahre 1905 nicht niedergebrannt worden war. Hier befreite der Architekt den schönen, schlichten Baukörper des Schlosses von dem hässlichen, im 19. Jahrhundert gebauten Turm. Als einzigen Fassadenschmuck restaurierte er geschmackvoll die Fensterumrahmungen in Sgrafito-Technik (17. Jahrhundert).

In den recht ungemütlichen Innenräumen des Schlosses erlaubte sich der Architekt dennoch, eine Reihe neoklassizistischer Interieurs mit Säulen, Stuckdekor, bemalten Plafonds, Friesen und Supraporten zu bilden. Zum Unterschied von den vorhergenannten Werken Bockslaffs, bei denen er für die Innenräume Vorbilder an einheimischen Denkmalen gefunden hatte, dienten ihm hier als Vorbilder für die Innenausstattung unverkennbar Motive des russischen Empire.

Hinter den betrachteten mittelalterlichen Schlössern bleiben in ihrer Konsequenz auch mehrere von Bockslaff wiederhergestellte Herrenhäuser aus der zweiten Hälfte des 18. Jahrhunderts nicht zurück.

So z.B. unterschied sich das in den 60er Jahren des 18. Jahrhunderts gebaute Herrenhaus Selsau/Dzelzava der Familie v. Transehe in Livland nach der Wiederherstellung vom Original nur durch die Zahl der Schornsteine und der Mansardenfenster sowie durch die etwas kompliziertere Form von deren Umrahmung. Es muss bemerkt werden, dass gerade das Schloss Selsau, das H. Pirang „ein baukünstlerisches Meisterwerk ersten Ranges" nennt[11], in starkem Maße das weitere Schaffen des Architekten inspiriert hat.

Ungefähr dasselbe kann man auch von solch einem wunderbaren livländischen Bau wie dem Schloss Salisburg/Valtenberģi sagen, das um 1780 nach dem Projekt des Dresdner Architekten F.A. Krubsacius gebaut ist. Es ist höchstwahrscheinlich, dass Bockslaff seine Vorliebe für die riesigen Mansardendächer als Mittel architektonischer Ausdruckskraft gerade im Kontakt mit diesem wirkungsvollen Schloss gewonnen hat.

Weniger überzeugend wirkt die Arbeit des Architekten an der Wiederherstellung des Herrenhauses Wormsahten/Vormsāti in Kurland, an dessen Mansardendach eine unnötige Stilisation zu spüren ist. Man muss auch bedauern, dass der Bau seine gotischen Züge verloren hat, denn Ende des 18. Jahrhunderts war dies eine der allerersten Äußerungen des „Gothic Revival" in Kurland und Livland.

Wenn alle bisher genannten Bauten Bockslaffs Beispiele einer mehr oder minder konsequenten Restaurierung sind, so zeigen schon die folgenden, wenn auch ebenfalls wiederhergestellten livländischen Herrenhäuser seine schöpferischen Potenzen, die er als Neoklassiker aufweist.

---

[11] H. Pirang, Das Baltische Herrenhaus. I. Teil, Riga 1926, S. 53.

Ein charakteristisches Beispiel ist das von Grotsche Herrenhaus Lemburg/Mālpils. Dieses im 18. Jahrhundert gebaute und in den 70er Jahren des 19. Jahrhunderts gotisierte Haus hat der Architekt wohl in keiner seiner früheren Versionen anziehend genug gefunden. Im Ergebnis entstand eine neue Version mit einem mächtigen Mansardendach und prachtvollem Fassadendekor.

Außer der aus den Werken von Haberland geschöpften Neigung zur maximalen Ausfüllung der Fassaden mit Dekor ist in dieser Arbeit der Einfluss eines anderen Architekten des livländischen Klassizismus, nämlich der von Johann Wilhelm Krause (1757-1828) zu spüren. Jedenfalls sind rustizierte Lisenen, mit Balustern geschmückte Attiken und Vasen darüber fast untrennbare Bestandteile seiner Projekte. Beim Umbau hat das Herrenhaus Lemburg seine geschichtliche Authentizität zweifellos verloren, doch gleichzeitig gewann es, indem es so etwas wie einen Idealbau des livländischen Frühklassizismus verkörperte und neue, noch nie dagewesene Qualitäten erhielt.

Zu einem der wirkungsvollsten Werke Bockslaffs ist der Umbau des Herrenhauses Kalnemoise/Kalnamuiža[12] der Barone von Wolff zu zählen (Abb. 4). Auch diese Mitte des 19. Jahrhunderts gebaute und für ihre Zeit moderne Villa des Spätklassizismus mochte sowohl dem Architekten als auch dem Besteller zu asketisch gewirkt haben, um in ihrer ursprünglichen Gestalt wiederhergestellt zu werden. Unter Ausnutzung der alten Mauern wurde das Haus in ein prachtvolles, mit drei Risaliten und einem Mansardendach geschmücktes frühklassizistisches Schloss umgebaut. Der Kreis der ausgenutzten Entlehnungen ist auch hier derselbe wie in Lemburg. So ruft die doppelte Umrahmung der Fassadenflächen durch erhöhte und vertiefte Ebenen die von Haberland gebauten Herrenhäuser Zarnikau und Üxküll in Erinnerung.

---

[12] Das Projekt hat sich in mehreren Varianten erhalten. Die verwirklichte Fassung. In: SHAL, Fond 6999, Verz. 13, Akte 1840.

Das umgebaute Herrenhaus Kalnemoise kann durch die Komposition seiner überästhetisierten, überschönerten Fassaden im ersten Augenblick sehr erdacht wirken, ja sogar im Vergleich zu den Bauten von Haberland und Krause auf Äußerlichkeiten bedacht erscheinen. Nur wenn man es mit einem anderen, Ende des 19. Jahrhunderts entstandenen Umbauprojekt[13] desselben Baues vergleicht, das in einer kosmopolitischen Renaissance entworfene Fassaden kennzeichnet, erkennt man die geschichtliche Wahrheitstreue des Bockslaffschen Werkes, seine Verwandtschaft mit echt bodenständigen Vorbildern der einheimischen Architektur.

Zu derselben, der örtlichen Architektur Lettlands nahen und zugleich unverkennbar überästhetisierten, auf die Idealarchitektur des Frühklassizismus prätendierenden Gruppe von Bauten kann man gewiss auch das von Bockslaff projektierte Herrenhaus Dubno/Dubna in Lettgallen (Projekt 1914) zählen (Abb. 5). In der prächtigsten Entwurfvariante weist der Bau unverkennbar eine Ähnlichkeit mit dem Herrenhaus Selsau auf, das hier nur ein wenig in seinen Proportionen geändert und durch eine prachtvolle Dekoration im Stil des Klassizismus ergänzt ist. Wegen des Krieges kam das Haus nicht zustande und blieb in der Architektur Lettlands als eine schöne, fast visionäre Idee.

Bestimmt kann man auch Bockslaffs Arbeit an der Wiederherstellung des niedergebrannten Schlosses Lennewarden/Lielvārde Lob erteilen, wo wir zum ersten Mal in seinem Schaffen die Verwendung einer freien Säulenhalle antreffen. Die Säulenhalle ist hier zu einem die Fassade organisierenden Element geworden und hat zusammen mit den mit Girlanden geschmückten Giebeln der Seitenrisalite dem ziemlich pompösen Gebäude sogar eine unerwartet aristokratische Erhabenheit verliehen. Auch die eigenartige Behandlung der Säulenhalle mit gepaarten Säulen ruft ein Werk Haberlands in Erinnerung -

---

[13] SHAL, Fond 10, Verz. 4, Akte 743.

den von ihm projektierten Saal der Rigaer Stadtbibliothek. Das schöne Schloss Lennewarden der Barone von Wolff ist leider während des Ersten Weltkrieges zugrunde gegangen.

Eine Säulenhalle ist auch im Projekt W. Bockslaffs für den Umbau der Parkfassade des Schlosses Lappier/Ozolu muiža der Grafen Mellin enthalten (Abb. 6). Die Idee, die mit dem Abbruch des 1889 errichteten Anbaus und mit der Wiederherstellung des ursprünglichen Bauumfangs dieses anziehenden Schlosses in Verbindung stand, muss in diesem Punkt als ganz verfehlt betrachtet werden. Der Anschluss der vollkommen unnötigen und dem Bau fremden Kolonnade könnte nur eine komische Wirkung erzeugen: eine mehr als bizarre Säulenhalle aus fünf Säulen, von denen die mittlere wie eine fehl am Platz stehende Stütze zwei gleichermaßen wichtige Eingangstüren voneinander trennt. Das genannte Projekt ist als Arbeit des „Atelier Architekt W. Bockslaff" unterschrieben und 1917 datiert. Man kann sich nur freuen, dass es nicht verwirklicht wurde.

Freiere Abweichungen von den Vorbildern des Klassizismus vom Ende des 18. Jahrhunderts hat sich Wilhelm Bockslaff in mehreren neugebauten Herrenhäusern erlaubt, doch diese Abweichungen beziehen sich nur auf den äußeren Bauumfang. So hat er sowohl an dem im Jahre 1909 projektierten Schloss Kroppenhof/Krape des Barons v. Vietinghoff-Scheel als auch an dem um 1910 gebauten Schloss Allasch/Allaži von O. v. Blankenhagen eine etwas asymmetrische Komposition der Baukörper vorgenommen. Im Ganzen hat er auch hier auf eine homogene, kompakte Silhouette, die wie immer ein riesiger Mansardhut krönt, dennoch nicht verzichtet. In der Wahl prunkhafter Portale, erhabener Festons und anderer Schmuckelemente ist W. Bockslaff auch in Neubauten den genannten Prototypen treu geblieben. Leider sind auch diese beiden schönen Bauten von Bockslaff im Ersten Weltkrieg untergegangen.

Eigenartig, in seiner stilistischen Inkonsequenz für Bockslaff gar nicht charakteristisch scheint das um 1907 gebaute Herrenhaus Majorenhof/Majori der Barone von Fircks. Die Asymmetrie an den Fassaden und die Gestaltung der Umrisse nähern dieses Gebäude Vorbildern moderner Einzelhäuser. Zugleich aber bekunden die Säulenhalle an der Gartenfassade und die genaue Stilisation der Vorbilder des Barocks, des Klassizismus und des Empires in den Interieurs die unerschütterlich retrospektive Schaffensmethode des Architekten. Natürlich ist die barocke Diele hier zum Unterschied vom Schloss Groß-Roop nichts als romantische Verfälschung ohne historische Begründung, doch sogar eine solche passt besser ins Bild des Herrenhauses als etwa Motive des Jugendstils.

Das schöpferische Erbe Wilhelm Bockslaffs im Bau der Herrenhäuser ist so groß, dass zu dessen detaillierter Betrachtung ein besonderes Referat nötig wäre. So hat er von 1906 bis 1913 Herrenhäuser in den Gutshöfen Taurup/Taurupe, Bilskenhof/Bilska, Groß-Jungfernhof/Lielumprava, Neu-Adlehn/Jau-naduliena und Breslau/Braslava gebaut oder umgebaut, wobei er in den zwei letztgenannten auch die Familiengrüfte der Gutsbesitzer projektiert hat. Die Herrenhäuser Groß-Jungfernhof, Neu-Adlehn und Breslau haben sich nicht erhalten, und es gibt sehr wenig Material darüber, wie sie ausgesehen haben. Mit dem Namen Bockslaffs ist auch der Umbau des Herrenhauses Alt-Kalzenau/Veckalsnava verbunden, worüber seinerzeit H. Pirang schrieb, der Umbau sei mit sehr gelungenen Änderungen durchgeführt worden.

Am Umbau mehrerer Herrenhäuser hat sich Bockslaff nur als Berater beteiligt. Hier wären die Herrenhäuser Tirsen/Tirza, Orgishof/Urga und Puikeln/Puikule zu nennen sowie das Schloss Römershof/Skrīveri.

Die besondere Rolle Wilhelm Bockslaffs in der Herausbildung der Stilistik des Neoklassizismus in Lettland ist nicht zu leugnen, und seine Errungenschaften auf diesem Gebiete verdienen höchste Anerkennung. Doch das bedeutet keineswegs, dass ihm Versuche im Jugendstil fremd wären. Von seinen Experimenten in dieser Richtung zeugen das von ihm wiederhergestellte Herrenhaus Alt-Bewershof/Vecbebri, dessen für das Ende des 18. Jahrhunderts charakteristischen Umriss nicht die üppigen Haberlandschen Motive ergänzen, sondern modern gebildete Mansardenfenster und ein zentraler Risalit. Einen ähnlichen Sinn für den „Heimatstil" weist auch das Herrenhaus des Gutshofs Essenhof/Liela muiža, dessen Projekt man Bockslaff zuschreiben möchte.

Wenn man die Baudenkmale auf den Gutshöfen Livlands und Kurlands von Anfang des 20. Jahrhunderts sorgfältig überprüft, kann man darunter außer den genannten noch eine Menge von Bauten finden, die mehr oder weniger einen Hang zum Ideal des Neoklassizismus verraten. Es seien hier beispielsweise nur einige genannt: das Herrenhaus Suddenbach/Buka in Livland, die Herrenhäuser Wainoden/Vainode, Reschenhof/Reži und Sernaten/Sārnate in Kurland, und das Herrenhaus Neu-Swenten/Jaunsvente unweit von Dünaburg.

Das Niveau der Stilisierung der genannten Gebäude ist sehr unterschiedlich. So z.B. nähert sich das kleine Herrenhaus des Grafen Plater-Sieberg in Neu-Swenten (gebaut um 1912) sowohl in seinem Gesamtbild als auch im Fassadenschmuck den ästhetisierten Werken Wilhelm Bockslaffs an, und nur einige Nuancen zeigen, dass der Autor dieses Baus ein anderer örtlicher Architekt war (womöglich Wilhelm Neumann). Als Vorbild des Gebäudes scheinen die auf den kleinen Gutshöfen der Umgebung Rigas (insbesondere dem Wolfschmiedschen Hof) gewonnenen Eindrücke gedient zu haben.

Einen noch direkteren historischen Prototyp weist das um 1910 gebaute Herrenhaus Suddenbach auf. Hier ist das unweit gelegene Schloss Zarnikau mit der von zwei Risaliten umfassten Kolonnade als Vorbild sogar besonders hervorgehoben, ohne zu fürchten, dass jemand den Neubau aus diesem Grunde für eine Kopie ohne Originalwert halten könnte.

Eine ganz andere Stufe der Stilisierung sehen wir am Herrenhaus Wainoden der Barone v. Grotthuss. Der fast kubische, von einem schweren Mansardendach gedeckte Bau ohne irgendwelche Verzierungen wirkt im Vergleich zu den obengenannten Bauten für den Geschmack seiner Zeit sogar etwas herausfordernd, doch auch so symbolisiert er überzeugend genug die Bautraditionen Lettlands vom Ende des 18. Jahrhunderts. Das zeigt sich besonders anschaulich, wenn man dieses Gebäude mit dem im Jahre 1905 in Asche gelegten Herrenhaus aus der Zeit des Historismus vergleicht - ein plumpes und erdachtes eklektisches Monstrum. Man könnte annehmen, dass der Autor des Herrenhauses Wainoden der Rigaer Architekt Wilhelm Roessler (1878-1949) ist, nach dessen Projekt auch das Herrenhaus des benachbarten Gutes Bahten/Bāta erbaut worden ist. Weniger im Dekor, mehr im Gefühl für die gesamten Proportionen und Umrisse hat sich dem Bild der kurländischen Häuser auch der junge Architekt, Hans Werner aus Riga genähert, dessen Lehrprojekt für ein unbekanntes Herrenhaus[14] im Staatlichen Historischen Archiv Lettlands erhalten ist.

Das Gesagte erlaubt wohl die Schlussfolgerung, dass der Neoklassizismus in der Architektur der Herrenhäuser Lettlands vom Anfang des 20. Jahrhunderts eine der führenden Richtungen gewesen ist, in dessen Rahmen nicht nur viele ausnehmend schöne Bauten entstanden und viele alte Baudenkmale restauriert worden sind, sondern sich auch der Sinn für die Traditionen der vaterländischen Baukunst vertiefte. Man möchte auch der Behauptung widersprechen, der Neoklassizismus sei nur eine retrospektive, die Vergangenheit reproduzierende Richtung, die nichts gegeben habe für den Fortschritt der Architektur als ein vulgärsoziales Dogma. Wenn wir den Fortschritt in der Architektur nicht lediglich als den direktesten Weg zur

---

[14] SHAL, Fond 6828, Verz. 6, Akte 784.

„Wohnmaschine" im Sinne von Massenkultur betrachten, so dürfen wir das künstlerisch hochwertige Ergebnis des Neoklassizismus nicht unterschätzen, das in der Architektur der Herrenhäuser, angesichts des historischen Endes dieser Art von Bauten, mit besonderer Kraft und Pathos zur Wirkung gekommen ist.

Abb. 1 Herrenhaus Toiwola

Abb. 2 Herrenhaus Berghof

Abb. 3 Herrenhaus Lindenberg

Abb. 4 Herrenhaus Kalnemoise

Abb. 5 Herrenhaus Dubno

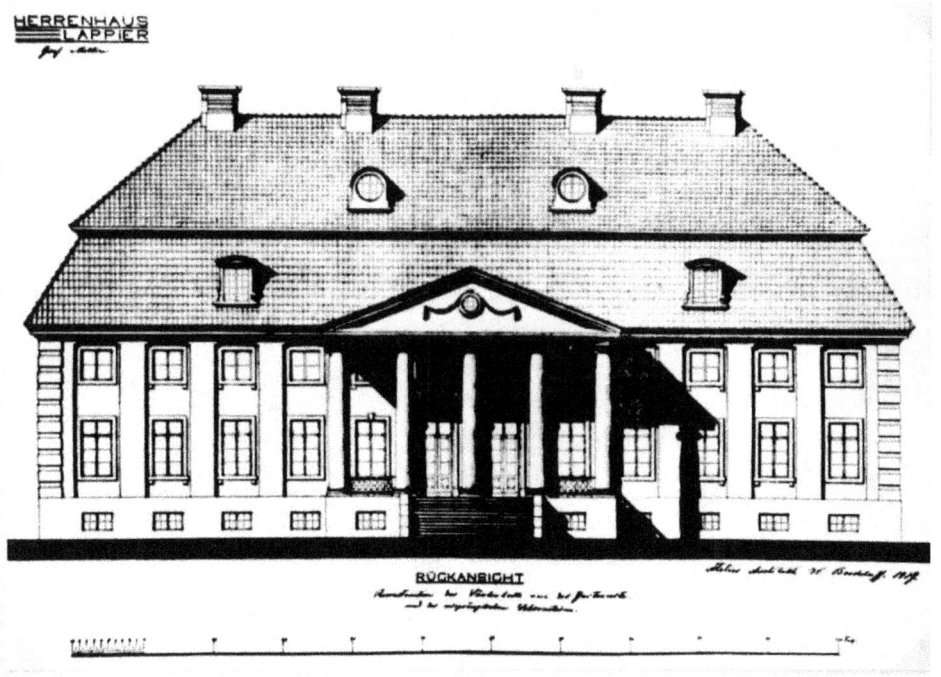

Abb. 6 Herrenhaus Lappier

LUDWIG BOHNSTEDT IN RIGA

Dieter Dolgner

Der 1822 als Sohn deutscher Kaufleute in St. Petersburg geborene Architekt Ludwig Bohnstedt (Abb. 1) entfaltete nach seiner Ausbildung in Berlin und einer ausgedehnten Italienreise ab etwa 1848/49 in seiner Geburtsstadt eine umfangreiche und vielseitige Tätigkeit. Zunächst ließ sich alles recht gut an. Er schlug die Laufbahn eines Staatsbeamten ein und stand als Hofarchitekt im Dienst der Großfürstin Elena Pawlowna. Daneben arbeitete er nach Privataufträgen, unter denen der Bau des Stadtpalais für die Fürstin Zinaida Iwanowna Jusupowa (1853-58) der bedeutendste war. Der Drang nach Ungebundenheit war indes stärker und ließ ihn alle Sicherheiten ausschlagen. Allein als Privatarchitekt glaubte er, seinen künstlerischen Intentionen folgen zu können. Als ungeduldig auf Veränderungen drängender Geist schuf sich Bohnstedt viele Feinde, vor allem unter den Staatsbeamten und den Professoren der Akademie. Erschwerend kam hinzu, dass der Krimkrieg zu einer rapiden Verringerung der Baufreudigkeit führte, die in das Leben jedes einzelnen Architekten, besonders aber der freiberuflichen Privatarchitekten, entscheidend eingriff. Bohnstedt konzentrierte daher seit der Mitte der fünfziger Jahre seine Schaffenskraft mehr und mehr auf international ausgeschriebene Architekturwettbewerbe, und zwar mit einigem Erfolg. Dennoch gestaltete sich seine wirtschaftliche Situation in St. Petersburg immer schwieriger. Im Herbst 1863 übersiedelte er nach Deutschland, wo er für sein weiteres Leben und Wirken in der thüringischen Residenzstadt Gotha eine zweite Heimat fand. Im Zusammenhang mit seinem siegreichen Entwurf im ersten architektonischen Wettbewerb von 1872 um das deutsche Reichstagsgebäude in Berlin erwarb sich Bohnstedt den Ruf als *„des Reich's erster Baumeister"* und *„der größte lebende Architekt"*. Hier, auf dem Höhepunkt seines Lebens, dürfte er kaum vorausgesehen haben, dass seine letzten Lebensjahre von beruflichem Misserfolg und persönlichen Schicksalsschlägen, zu denen auch die Nachricht über den Brand des Rigaer Stadttheaters gehörte, überschattet sein würden. Am 3. Januar 1885 starb Ludwig Bohnstedt nach längerer Krankheit in geistiger Umnachtung.

Die sich um 1860 in St. Petersburg zuspitzende berufliche Situation konnte Bohnstedt vorübergehend durch eine erfolgreiche Tätigkeit in Riga entschärfen. Dorthin besaß er ungetrübte familiäre und fachliche Beziehungen. Seine Schwägerin Anna van der Vliet, eine ältere Schwester seiner Frau, war in zweiter Ehe mit dem Rigaer Stadtbibliothekar von Berkholz verheiratet, zu dem Bohnstedt in einem freundschaftlichen Verhältnis stand. Außerdem wusste er in Riga dankbare Schüler. In seinem St. Petersburger Atelier hatte Bohnstedt eine Anzahl junger Menschen um sich gesammelt, die er unterrichtete und für den Architektenberuf vorbereitete. Aus dem Kreis seiner Schüler gingen bedeutende Architekten hervor. Ihn umgaben vorwiegend junge Leute, die an der Akademie der Künste studierten, sich jedoch mit dem dort vermittelten Geist eines offiziellen und trockenen Akademismus nicht einverstanden erklären konnten und der „kameradschaftlich-schöpferischen Atmosphäre des Suchens und der Erneuerung"[1] im Atelier Bohnstedts den Vorzug gaben. Zu Bohnstedts Schülern zählten auch die drei bekannten Rigaer Architekten Heinrich Karl Scheel (1829-1908), Robert A. Pflug (1832-1885) und J.F. Baumanis (1834-1891). Dem später in Riga meistbeschäftigten und ersten akademisch gebildeten Architekten lettischer Nationalität begegnete Bohnstedt als jungem Zimmergesellen im Baubetrieb des Akademikers Scheel und ermöglichte ihm, sei-

---

[1] N.F. Chomuteckij, Bohnstedt, Ludwig (1822-85). Biographische Skizze (russ.), Schreibmaschinenmanuskript. Für die Einsichtnahme danke ich dem Verfasser.

ne Begabung für den Architektenberuf erkennend, durch eine monatliche finanzielle Unterstützung das Studium an der Berliner Bauakademie und an der St. Petersburger Akademie der Künste. Seit 1862 vervollkommnete Baumanis seine Ausbildung im Atelier Bohnstedts. Mit Bohnstedts Übersiedlung nach Deutschland zerstreuten sich die Schüler, „weil es", nach den Worten Viktor Schröters (1839-1901), „keinen Nachfolger gab, der die Seele eines Kreises von Jünglingen hätte sein können. Keiner der Berühmtheiten ist dem Beispiel in der Herausbildung junger Kräfte gefolgt".[2]

Seinen ersten architektonischen Erfolg in Riga verbuchte Bohnstedt im Jahre 1859. Die Direktion der seit 1833 bestehenden Mineralwasseranstalt hatte einen öffentlichen Wettbewerb für einen Neubau in der Nordwestecke des Wöhrmannschen Parks ausgeschrieben, den Bohnstedt gewann. Das Programm sah neben der erweiterten und erstmalig in Stein massiv geplanten Mineralwasseranstalt auch die Errichtung einer Badeanstalt für Mineralwasser und gewöhnliche Bäder vor. Aus Geldmangel wurde Bohnstedts Projekt in zwei Bauetappen und zudem noch reduziert verwirklicht. Auf die Badeanstalt mußte man ganz verzichten, ebenso zunächst auf einen Teil der vorgesehenen Kolonnaden, das zweigeschossig geplante Wohnhaus blieb eingeschossig. In dieser stark beschnittenen Form wurde das Bohnstedtsche Projekt unter der örtlichen Leitung des Architekten Scheel in den Jahren 1863/64 ausgeführt und in einer zweiten Bauperiode 1870/71 noch um die südliche Kolonnade erweitert (Abb. 2). Die derart vervollständigte Mineralwasseranstalt umfasst einen Wohnbereich für drei Beamte und ihre Familien, Geschäftsräume, einen Produktionsraum mit dazugehörigem Maschinenhaus für Dampfkessel, Dampfmaschine und Pochwerk, ein Laboratorium und die Kuranstalt mit Kursaal, Buffetraum und Arztzimmer.

---

[2] V.A. Schröter, Ludwig Bohnstedt - eine biographische Skizze (russ.). In: Zodcij, 1.Jg. (1872), Nr. 7, S. 113-144.

Bei der gestalterischen Bewältigung dieses heterogenen Bauprogramms wählte Bohnstedt den einzig richtigen Weg. Weder zwängte er die unterschiedlichen funktionellen Bereiche in einen kompakten Baukörper noch zerriss er ihre Zusammengehörigkeit durch eine Verteilung auf einzelne, räumlich getrennte Gebäude, sondern er war um eine stark aufgelockerte, aber dennoch den Zusammenhalt wahrende Ordnung bemüht. Die Aufgliederung in einen Wohn-, Produktions- und Kurbereich bedingte die Dreiteilung der Anlage. Bohnstedt brachte die einzelnen Funktionen in drei Flügeln unter, die einen nach Westen geöffneten Hof umschließen, in dem das Maschinenhaus aufgestellt ist. Die unregelmäßigen Grundstücksgrenzen lassen die Flügel schiefwinklig und gegeneinander versetzt aufeinandertreffen, die den Funktionsgruppen eigenen Bedingungen geben ihnen eine unterschiedliche Größe und Gestalt. Der Anspruch auf eine symmetrische oder sonstwie geartete repräsentative Ordnung wurde nicht erhoben. Nur im Wohnbereich ist eine von der abgeschrägten Ecke ausgehende axiale Raumfolge angedeutet.

Die nordwestliche Ecke des Gebäudekomplexes nimmt das Wohnhaus ein, dessen Räume sich um eine zentral gelegene kreisförmige Halle gruppieren. Ein Gebäudeeinschnitt an der Nordseite - der mit einem zweiten Eingang kam erst 1930 hinzu - scheidet den Wohnbereich von den Geschäfts- und Produktionsräumen. An den Produktionsbereich in der nordöstlichen Ecke schließt sich im Süden die Kuranlage an. Hier öffnen sich die Räumlichkeiten an der Süd- und Ostseite in Säulenhallen zum angrenzenden Park. Peristylartig umschließen die Kolonnaden an der Südostecke einen kleinen Innenhof. Innen- und Außenraum, Bauwerk und Landschaft gehen eine enge Verbindung ein. Die lockere Zueinanderordnung differenziert behandelter Funktionsbereiche kommt auch in der Baukörpergruppierung zum Ausdruck. Der eingeschossige Gebäudekomplex ist pavillonartig in einzelne, gesondert erfassbare

Baukörper aufgelöst (Abb. 3). In der Gestaltung ging Bohnstedt offenbar auf die Tradition des klassizistischen Landhauses zurück. Der dekorative Anteil bleibt auf feingliedrige Gesimse und schlichte Fenstereinfassungen beschränkt. Die aus der Technologie der Mineralwasserherstellung der Architektur gestellten Anforderungen waren so bescheiden, dass es keiner gesonderten baulichen Lösung bedurfte. Reichere architektonische Mittel bemühte Bohnstedt dagegen bei der Charakterisierung des den Kurgästen zum erholsamen Aufenthalt dienenden Bereiches (Abb. 4). In der Art klassizistischer Bäderarchitektur fassen aus toskanischen Säulen gebildete Wandelhallen den Gebäudekomplex an der Süd- und Ostseite zusammen und öffnen ihn gleichzeitig zum umgebenden Park. Die gleichmäßig über die Fronten hinlaufenden Säulenreihen mit nur geringfügiger Betonung der Eckabschlüsse erfahren jedoch keineswegs eine Monumentalisierung im Sinne der großen Architektur, sondern sind in ihrer schlichten Ausführung, in ihren bescheidenen Dimensionen dienend der Zweckbestimmung untergeordnet und dem landschaftlichen Rahmen harmonisch verbunden.

Ludwig Bohnstedt schuf weitere Produktionsstätten in St. Petersburg: eine Dampfzuckerfabrik (1851-54), die Nevskij-Stearin-Fabrik (1859/60) und die Kalinkinskij-Bierbrauerei (1861-63). Alle diese Bauten gaben für die Entwicklung einer eigenständigen Industriearchitektur keinen Anlass. Ihm ging es stets darum, einer im Bewußtsein der Zeit diskreditierten Bauaufgabe eine ansprechende Gestaltung im Sinne der traditionellen Architektur zu verleihen. Die fortschreitende Industrialisierung drängte indes immer nachdrücklicher auf die durch keinerlei Erfahrung gesicherte, von rein technologischen Bedingungen bestimmte gattungsspezifische Entwicklung der Produktionsanlagen. Dieser Umstand mag Bohnstedt spätestens seit seiner Übersiedlung nach Deutschland bewusst geworden sein. Er hat sich nie wieder mit dem Produktionsbau beschäftigt.

Neben der eher bescheidenen, in ihrer spätklassizistischen Strenge aber dennoch eindrucksvollen Mineralwasseranstalt und nicht ausgeführten Entwürfen für den Bahnhof der Riga-Dünaburger Eisenbahn (1860), das Ritterhaus (1862) und ein Schützenhaus (1863) errichtete Bohnstedt auch eines seiner Hauptwerke in Riga: das Stadttheater. Infolge der stetig wachsenden Bevölkerungszahl bot das 1782 in der Altstadt eröffnete Theater, an dem Richard Wagner zwei Jahre als Kapellmeister wirkte, seit langem nicht mehr ausreichenden Raum. Bereits 1829 fassten die Stände den Beschluss, aus den Überschüssen des städtischen Reserve-Kornmagazins ein Kapital zum Bau eines neuen Theaters anzusammeln. Doch noch das 1849 vom Rat eingesetzte Komitee konnte zu keinem praktischen Ergebnis kommen, da alle einlaufenden Projekte den Abbruch ganzer Häusergruppen für den Neubau vorsahen. Unter den eingereichten Arbeiten befand sich auch ein Entwurf des St. Petersburger Architekten Harald Julius Bosse (1812-1884), der die Vereinigung von Theater, Börse und Großer Gilde in einem Baukomplex vorsah. Erst als 1857 mit der Niederlegung der größtenteils aus dem 17. Jahrhundert stammenden Befestigungsanlagen begonnen wurde, um eine ungehinderte Verbindung zwischen der Altstadt und den im Nord- und Südosten sich anschließenden Vorstädten zu gewinnen, trat auch das Theaterbauvorhaben und vor allem die mit ihm verbundene Platzfrage in ein neues Stadium ein. Eine erneut gebildete Theaterbaukommission beauftragte 1859 Karl Ferdinand Langhans d. J. (1782-1869), also den in Deutschland bewährten Theaterbaumeister aus Berlin, mit der Ausarbeitung eines Planes, der jedoch in erster Linie wegen der gewählten Größe, dem erweiterten Raumprogramm (Einbeziehung eines Fest- und Konzertsaales wie im Berliner Schauspielhaus Schinkels) und der dadurch bedingten Kostenhöhe auf Kritik und Ablehnung stieß. Der Rigaer Architekt Friedrich Wilhelm Hesse (1822-1877) nahm daraufhin eine Reduzierung und Änderung des Langhansschen Projektes vor, und nach den so gewonnenen Unterlagen wurde der Bau 1860 tatsächlich in Angriff genommen.

Erst in diesem Moment trat Ludwig Bohnstedt mit einem Gegenprojekt in Erscheinung[3]. Kurz zuvor hatte er sich an der Konkurrenz um das Wiener Hofopernhaus beteiligt, und er konnte die dort erworbenen Erfahrungen nutzen. Der Umstand, dass Bohnstedt in Riga kein Unbekannter war, und die Vorzüge seines Projektes werden nachstehend zitierten Entscheid der Theaterbaukommission herbeigeführt haben: „Nachdem ein von dem Herren Baurath Langhans in Berlin ausgearbeitetes Projekt und die von Hesse für dieses Projekt in Vorschlag gebrachten Änderungen rühmliche Anerkennung gefunden hatten, entschied sich das Komitee für einen Plan des Professors L. Bohnstedt zu St. Petersburg"[4]

Am 16. August 1860 wurde der Grundstein gelegt. In dreijähriger Bauzeit wuchs das Theater unter der örtlichen Bauleitung der Architekten Scheel und Hesse empor und konnte bereits am 10. September 1863 mit der Aufführung von Schillers „Wallensteins Lager" eröffnet werden.[5]

---

[3] Archiv des Rigaer Stadtarchitekten, Mappe: Rigaer Theater, Inv.-Nr. 167-42, 10 Blätter, Bl. 6 (Aufriss der Nordseite?) fehlt; perspektivische Ansicht: Plansammlung der Universitätsbibliothek der Technischen Universität Berlin, Inv.-Nr. 353.

[4] Rigasche Stadtblätter, Nr. 9, 1. März 1862.

[5] Über Einzelheiten der Bauausführung, der Luftheizung, der Maurer- und Zimmerarbeiten, der Baukosten usw. s. L. Bohnstedt, Stadttheater in Riga. In: Zeitschrift für Bauwesen, 19. Jg. (1869), Sp. 195 ff.; s. auch D. Dolgner, Das Rigaer Stadttheater von Ludwig Bohnstedt. In: Wissenschaftliche Zeitschrift der Hochschule für Architektur und Bauwesen. Weimar, 15. Jg. (1968), H. 5, S. 447-456; ders., Architektur im 19. Jahrhundert. Ludwig Bohnstedt - Leben und Werk. Weimar 1979, S. 92-97.

Als Bauplatz war das Terrain der abgetragenen Neuen Pforte oder Pfannkuchenbastion im Osten der Altstadt vorgesehen, ein nach vollständiger Niederlegung der Befestigungswerke von allen Seiten freies Gelände, das Bohnstedt durch gärtnerische Anlagen in seiner Wirkung zu steigern trachtete. Nur von Westen rückt die Altstadtsubstanz bis auf Straßenbreite an das Theater heran. Die freie Lage des Theatergebäudes bot gestalterisch wie funktionell mancherlei Vorteile. Einmal ermöglichte sie eine allseitige künstlerische Durchbildung, zum anderen einen günstigen Ablauf des Verkehrs, eine besonders in Augenblicken der Gefahr für das Publikum lebenswichtige Voraussetzung. Diesem Umstand passte Bohnstedt die Disposition der Räumlichkeiten und die Verkehrsbeziehungen an (Abb. 5). Das Theater baut sich über rechteckigem Grundriss auf. Ein deutlich in seiner zentralen Lage und seinen ausgreifenden Abschlüssen als Hauptbau charakterisierter Abschnitt nimmt hinter dem Vorderhaus den Zuschauerraum und die Bühne mit angrenzender Hinterbühne auf. Das seitlich anschließende kleinteilige Raumgefüge gibt sich in seiner Gesamtheit bereits im Grundriss als gestalterisch untergeordnet, als funktionell auf Zuschauerraum und Bühne bezogener Bauteil zu erkennen. Der Grundriss ist klar und übersichtlich gegliedert, er erscheint zweckbetont in der regelmäßigen Anlage.

Einer Forderung des Programms entsprechend, ist dem Mittelkörper an der Hauptfront eine Halle als bedeckte Unterfahrt für Wagen vorgelagert, über der sich vor dem Foyer ein geräumiger Balkon hinzieht. Bei der bedeckten Unterfahrt war besonders auf eine gute Verbindung zu den Ein- bzw. Ausgängen, dem Vestibül und den Treppen des Theaters einerseits, auf eine zweckmäßige Beziehung zur nächsten Umgebung andererseits Bedacht zu nehmen, um einen reibungslosen Ablauf zu gewährleisten, besonders waren aber schon vor dem Ein- oder Austritt die Fußgänger von den Wagenbesitzern zu trennen. Bohnstedt entschied sich für die gebräuchlichste Form der Unterfahrten, da die auch in künstlerischer Hinsicht ausgezeichnete Vorderfront naturgemäß den Haupteingang erforderte. Durch die Anordnung einer Anzahl seitlicher, mit der Anfahrt nicht in Berührung stehender Aus- und Eingänge erreichte er die Trennung der Theaterbesucher. Das mit dem Wagen ankommende Publikum gelangt durch das Vestibül über wenige Stufen in das Parterre oder kann eine der radial ausstrahlenden, tangential zum Zuschauersaal liegenden Treppen benutzen, um die einzelnen Ränge zu erreichen. Für die zu Fuß eintreffenden Theaterbesucher führen dagegen, ohne einer Belästigung durch die Equipagen ausgesetzt zu sein, insgesamt acht weitere Eingänge - vier auf jeder Seite - ins Innere des Gebäudes. Obwohl durch die funktionell einmalige Treppenführung eine freie Zirkulation des Publikums gewährleistet ist, besteht für die Fußgänger nach Vorstellungsschluss die Möglichkeit, ins Freie zu gelangen, ohne das Hauptvestibül betreten zu müssen. Dem Vorderhaus, der Anlage der nach den Rängen führenden Treppen und ihren Beziehungen zu den Ein- und Ausgangsverhältnissen wurde bis in die siebziger Jahre hinein wenig Bedeutung beigemessen. So kam es, dass Theater im Falle eines Brandes den Besuchern nur wenig Sicherheit bieten konnten. Obwohl man den von Bohnstedt angewendeten, vom Vestibül radial ausstrahlenden Treppenläufen ihre raumgestalterischen Reize nicht absprechen kann, waren es doch weniger ästhetische Gesichtspunkte oder Fragen der Bequemlichkeit des Publikums, die ihn dieses komplizierte Funktionssystem entwickeln ließen, sondern allein die Sicherheitsbedürfnisse der Menschen. Während gewöhnlich eine freie Verbindung aller Räume untereinander hergestellt ist, bedarf es bei einem Unglücksfall nur des Schließens weniger Türen, um die freie Verbindung aufzuheben und jedem Rang seine abgesonderten zwei Treppen nebst Vestibülen zuzuteilen. Somit war für die im Theater anwesenden Personen die Voraussetzung gegeben, im Falle eines Brandes schnell und relativ ungefährdet ins Freie gelangen zu können.

Während Bohnstedt den Zuschauerraum mit seiner Huf- bzw. Magneteisenform und den drei senkrecht übereinandergestellten Logenrängen eher konventionell auffasste, war das aus Sicherheitsgründen entwickelte Treppensystem gleichbedeutend mit der Hervorbringung eines neuen Vorderhaustyps, der nach seiner Veröffentlichung 1869 lebhaft diskutiert und häufig nachgeahmt wurde. Die gebräuchlichste räumliche Ordnung des Vorderhauses war die der symmetrischen Lage zweier Haupttreppen zu beiden Seiten des Eingangsvestibüls, während das Vestibül selbst den Durchgang zum Parkett bildete. Dieser Grundrisskomposition bediente sich Bohnstedt, um sie durch ein Drehen und leichtes Verschieben der Haupttreppen abzuwandeln, die zumeist nur unvollkommen genutzten, durch die Rundung des Zuschauerraumes hervorgebrachten Zwickel zu füllen und somit Raum für weitere zweckgerichtete Anlagen zu gewinnen. Während die durch Bohnstedt entwickelte Ordnung in Russland offenbar keine Nachfolge fand, bediente man sich ihrer im deutschsprachigen Raum umso lebhafter, die Wiener Theaterbaumeister Fellner und Helmer nahezu ohne Ausnahme. Neben ihrer Vielzahl auf das Treppenmotiv Bohnstedts zurückgehender Theaterbauten in Karlsbad, Wien, Salzburg, Hamburg und Wiesbaden mögen das Neue Deutsche Theater in Prag und das Züricher Stadttheater besonders erwähnt sein, da sie dem Rigaer Theater in der Grundrissdisposition der Eingangsbereiche kopieartig ähneln. Freilich hatte die inzwischen aufgegriffene Barockisierung der Raumformen zu Rundungen und einer verunklärenden Vielfalt geführt, doch blieb der Grundgedanke Bohnstedts in allen Einzelheiten erhalten.

Wendet man sich schließlich der Außenarchitektur zu, so wird die Aufmerksamkeit zunächst von der gestalterisch bevorzugten Nordfassade in Anspruch genommen (Abb. 6).

Bohnstedt war bei aller Sparsamkeit der architektonischen Details bestrebt, in strengen antikisierenden Formen der Eingangsseite einen festlich-einladenden Charakter zu verleihen. Auf der in fünf Öffnungen durchbrochenen Unterfahrt erhebt sich ein freistehender Portikus, dessen sechs ionische Säulen über schwerem Gebälk den figural geschmückten Giebel tragen. Darüber erstreckt sich eine Wandzone, die in ihrer gerüsthaften Auflösung in eine enge Beziehung zum Innenraum, dem Malsaal, tritt. Ein schweres, von Konsolen getragenes Hauptgesims bildet den oberen Abschluss, der aber in der Balustrade und der mittleren Figurengruppe einen gelösten Ausklang und eine Überleitung zur Dachschräge findet. Die seitliche Begrenzung übernehmen zwei kräftige, über das Hauptgesims hinausgreifende Wandpfeiler. In ihrer betonten Schmucklosigkeit kontrastieren sie wirkungsvoll zu dem lebendigen Wechsel von Säule und Zwischenraum, von Pfeiler und Öffnung. Doch ist auch hier keine Isolierung erstrebt. Den umlaufenden Gesimsen ist die Aufgabe zugedacht, die Pfeiler fest an den Hauptbau zu binden und gleichzeitig die Überleitung zu den niedriger gehaltenen Anbauten zu vollziehen. Die schon am Grundriss ersichtliche untergeordnete Funktion der seitlichen Nebenräume wird auch am Äußeren durch das basilikale Gestaltungsmotiv deutlich gemacht. Die Längsseiten des Baus sind in der Gestaltung sehr viel einfacher gehalten. Hier laufen zwischen den Eckvorsprüngen die Gesimse als geschossteilende Bänder und die Fenster in gleichmäßiger Reihung über die gesamte Fläche hin, im straffen Rhythmus von Fläche und Öffnung die Gliederung vollziehend.

Bohnstedt wusste dem Theater durch das Wirken von Baumassen und deren vertikaler und horizontaler Staffelung einen monumentalen Charakter zu geben. Eine Zurückhaltung im Gebrauch dekorativer Mittel war daher von selbst geboten. Nur an der Eingangsseite, die mehr einladend erscheinen sollte, tritt eine reichere Behandlung hervor. Damit war gleichzeitig die Bewegungsrichtung kenntlich gemacht, die sich ohne Unterbrechung gleichmäßig über den Zuschauerraum und das Bühnenhaus erstreckt. Es ist offensichtlich, dass er vermied, das Bühnenhaus als einen gesonderten, dem Dach aufgesetzten Baukörper zu behandeln, um die Geschlossenheit des Aufbaus nicht zu beeinträchtigen. Bohnstedts Vorstellung von einem Theater war wesentlich durch die Tradition der ersten Hälfte des 19. Jahrhunderts geprägt. Die aus der Antike entlehnte Formensprache galt als gattungsbedingte Stilwahl, mit Hilfe einer vorgelegten Tempelfront gab sich das Theater als „Tempel der Kunst" zu erkennen. Die Charakterisierung erfolgte also nicht unmittelbar, etwa durch das auch am Außenbau sich vorschiebende Rund des Zuschauersaales, sondern durch symbolische Mittel im Sinne der Charakterlehre und der „architecture parlante".

Vor allem dem 1818-1821 von Karl Friedrich Schinkel (1781-1841) errichteten Berliner Schauspielhaus war Bohnstedt direkt verpflichtet. Während seines Studienaufenthaltes in Berlin hatte er ausreichend Gelegenheit, den Bau kennenzulernen. Beide Bauten stimmen in grundsätzlichen Belangen überein: im basilikalen Aufbau, im Verhältnis des Portikus zum Sockelgeschoss und zur oberen Wandzone, in der einheitlich durchgezogenen Überdachung von Zuschauerraum und Bühnenhaus, aber auch in den stilistischen Mitteln und in der Aufgliederung der Wandflächen, in der schnellen Abfolge von Pfeilern und Fenstern im Obergeschoss. Doch wie die andersartige Programmstellung eine unterschiedliche Grundrisslösung bedingte, die inzwischen gewonnenen Erfahrungen eine Weiterentwicklung des Vorderhauses notwendig zur Folge hatten, weist auch die äußere Erscheinung beider Bauten Unterschiede auf. Bohnstedt stand aber noch unter einem weiteren Einflussbereich, nämlich dem des russischen Spätklassizismus, wie er in erster Linie durch Carlo Rossi (1775-1849) in St. Petersburg vertreten wurde. Dem Architekten Rossi, der mehr die römisch-bewegten Formen als die strenge griechische Ordnung bevorzugte und nach reicherer dekorativer und malerischer Gesamtwirkung strebte, verdankte er viele wertvolle Anregungen, die sich nicht nur auf das Rigaer Theater beschränken. Gleichwohl muss in diesem Fall das St. Petersburger Alexandra-Theater (1828-32) in die genetische Betrachtung mit einbezogen werden. Für das Rigaer Theater gewissermaßen vorgebildet, treten auch hier die Ecken als wuchtige Pfeiler heraus, allerdings in der Anordnung vorgezogen, so dass der innere Baukern fest verklammert dahinter aufsteigt. Dieser gleichsam als Mittelschiff herausragende Hauptbau ist bis auf wenige unterschiedliche Detailformen in Riga wiederholt worden. Übernommen wurden die kräftigen Eckpfeiler, die dazwischen eingespannte Fenstergalerie sowie das weit ausladende, auf Konsolen ruhende Hauptgesims mit der aufsitzenden Balustrade, hinter der in der Unteransicht die Dachschrägen zurücktreten. Auch im Alexandra-Theater sind Zuschauersaal und Bühne unter einem gemeinsamen Dach vereint. Aus der Synthese des Berliner Schauspielhauses und des St. Petersburger Alexandra-Theaters gewann Bohnstedt die formale Anlage seines Rigaer Theaters, dessen Aufbau jedoch in seinem straff gegliederten Körper, in seiner vornehmen Zurückhaltung ein durchaus eigenes und unverwechselbares Gepräge erhielt.

Am 26. Juni 1882 brach während einer Probe im Rigaer Theater Feuer aus, das in wenigen Stunden das Gebäude derart in Mitleidenschaft zog, dass nur noch die Umfassungsmauern erhalten blieben. Das Rigaer Stadtamt wandte sich daraufhin an Ludwig Bohnstedt, um ihn für die Erarbeitung eines Projektes zum Wiederaufbau zu gewinnen. Ein Brief vom 10. Mai 1883 macht einen Honorarvorschlag und enthält die Aufforderungen, falls Bohnstedts Einverständnis vorliegen sollte, unverzüglich mit der Arbeit zu beginnen.[6] Im November des gleichen Jahres

---

[6] Museum für Regionalgeschichte und Volkskunde. Gotha, Bohnstedt-Mappe.

reichte Bohnstedt ein von ihm signiertes Projekt ein[7], an dessen Erarbeitung er jedoch nur noch mittelbar beteiligt war. Aus gesundheitlichen Gründen hatte er seinem Sohn Alfred die Projektierung überlassen, sich aber wohl die Anleitung vorbehalten. Der Entwurf sah eine bedeutende Veränderung des Treppensystems und eine abermalige Vergrößerung des kurz vor dem Brand fertiggestellten südlichen Anbaus vor. Während der in dem Entwurf entwickelte Raumorganismus in seiner Kleinteiligkeit und Unübersichtlichkeit wenig überzeugt, lässt die vorgeschlagene Vergrößerung des Theaters eine prognostische Weitsicht erkennen. Die äußere Erscheinung des Gebäudes sollte unverändert bleiben. Lediglich die Südfassade musste auf Grund der vorgesehenen Anbauten ein anderes Aussehen annehmen. In einer Variante brachten Ludwig und Alfred Bohnstedt nach dem Vorbild des Berliner Schauspielhauses eine dem Portikus vorgelagerte breite Freitreppe in Vorschlag.

Der Entscheid über den Bohnstedtschen Entwurf wurde lange hinausgezögert. Endlich teilte man in einem an Frau Bohnstedt gerichteten Brief vom 15. November 1884 mit, dass sich das Stadtamt gegen den Entwurf entschieden habe, aber noch ein Beschluss der Stadtverordnetenversammlung herbeigeführt werden müsse, der Anfang 1885 zu erwarten sei.[8] Die Mitteilung über die endgültige Ablehnung des Projektes wird Bohnstedt also nicht mehr erreicht haben. Die Verzögerung des Verfahrens hatte inzwischen den Plan zu einem neuen Programm reifen lassen. Auch wird der damalige Rigaer Stadtarchitekt Rudolf Schmaeling (geb. 1840) seinen Einfluss bei der Prüfungskommission geltend gemacht haben, um selbst mit dem Auftrag betraut zu werden. Dies geschah dann auch, und er lieferte einen Entwurf, der mit Portiken, Giebelaufbauten,

---

[7] Archiv des Rigaer Stadtarchitekten, Mappe: Rigaer Theater, Inv.-Nr. 167-42, 13 Blätter.
[8] Museum für Regionalgeschichte und Volkskunde. Gotha, Bohnstedt-Mappe.

Freitreppen und figürlichem Schmuck gar nicht geizte. Der ursprüngliche Bau Bohnstedts wäre bis zur Unkenntlichkeit entstellt worden. Aber auch dieses Projekt wurde wegen des enormen Kostenaufwandes abgelehnt. Daraufhin legte Schmaeling am 28. September 1885 ein neues Projekt vor, das sich auf die Wiedererrichtung der zerstörten Teile beschränkte. Es diente dem bis 1887 andauernden Wiederaufbau als Grundlage. Die Außenarchitektur wurde bis auf geringfügige Änderungen im Sinne Bohnstedts beibehalten. Auch die Anordnung der Treppen blieb im Wesentlichen unverändert. Der Zuschauerraum erhielt jedoch der vorangeschrittenen Zeit und dem Geschmackswandel entsprechend ein barockisierendes Gepräge. In dieser Form dient das Theater noch heute den kulturellen Bedürfnissen der Rigaer Bevölkerung.

Mit seinen Entwürfen für das Genfer Stadttheater (1871) und die Budapester Oper (1873), die allerdings beide nicht gebaut wurden, wandte sich Bohnstedt abermals dem Theaterbau zu, nun aber in einer mehr der Neurenaissance zuneigenden Stilisierung. Er war überhaupt ein international tätiger Architekt, der ganz im Sinne des Historismus jede beliebige Stilprägung mit gleicher Sicherheit und Leichtigkeit handhabte. Von besonderer Bedeutung im Lebenswerk Bohnstedts scheinen jedoch die klassizistischen Bauten Rigas zu sein, da in ihnen die aus der deutschen und russischen Bautradition empfangenen Anregungen zu einer Synthese von eigenwilliger Originalität verschmolzen sind. In dieser Mittlerrolle, in dieser Bindekraft beruhte Bohnstedts Stärke. Die Erinnerung an derartige Persönlichkeiten, das Bewusstsein für die grenzüberschreitende Kraft kultureller Prozesse und künstlerischer Gedanken hätten in der Folgezeit manches Missverständnis unter den europäischen Völkern vermeiden helfen können.

Abb. 1 Ludwig Bohnstedt 1872

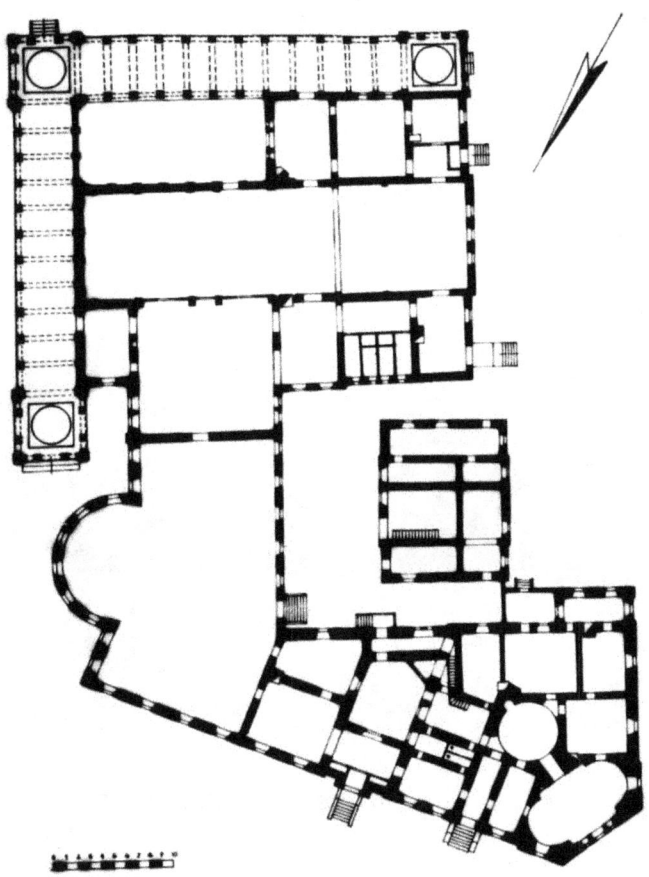

Abb. 2 Mineralwasseranstalt in Riga
Grundriss 1863/64 und 1870/71

Abb. 3 Mineralwasseranstalt in Riga
Ansicht von Nordosten

Abb. 4 Blick auf die Wandelhalle der Miniral-
wasseranstalt in Riga
Ansicht von Süden

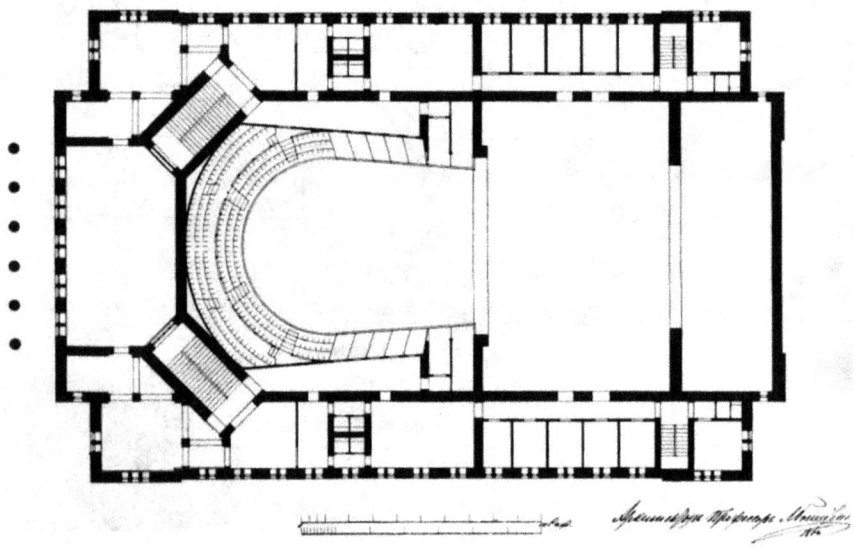

Abb. 5 Riga. Entwurf für das Stadttheater
Grundriss des 3. Ranges 1860

Abb. 6 Riga Entwurf für das Stadttheater
Perspektivische Ansicht von 1860

KARL GOTTHARD GRASS

Günter Krüger

Am 10. April des Jahres 1791 schrieb Friedrich Schiller an Christian Gottfried Körner, den Vater des Dichters der Freiheitskriege, Theodor Körner: „In eben diesem Sommer werde ich Dir auch einen anderen jungen Mann schicken, der Dich als Künstler interessieren wird. Es ist ein Livländer, namens Graß, der sich einige Jahre in Jena aufhielt, um da Theologie zu studieren. Darin hat er es nun nicht weit gebracht, aber desto weiter im Zeichnen und Landschaftmalen, wozu er ganz außerordentlich viel Genie besitzt. Goethe hat ihn kennen lernen und er versicherte mir, daß er die Anlage zu einem trefflichen Maler in ihm finde. ... Dabei hat er große Talente zur Poesie, wovon Du im nächsten Stück der Thalia eine Probe lesen wirst (Gedicht „Der Rheinfall" von Schiller abgedruckt in der Mannheimer „Rheinischen Thalia 1792"). Er ist ein herzlich attachirtes Wesen, wo es ihm wohl ist, sein Äußerliches verräth in jedem Betracht das Genie".[1]

Wer ist nun dieser Karl Gotthard Graß, der in Jena zu den reiferen Studenten gehörte, mit denen Schiller gern verkehrte? Über ihn berichten ein biographischer Nachruf von seinem Freund Gotthard Tielemann in „Livonas Blumenkranz" von 1818 sowie die von Pastor Wilhelm Graß aus Libau 1912 in Reval herausgebrachte Biographie „Karl Gotthard Graß, ein Balte aus Schillers Freundeskreis".[2] Darin enthalten ist ein Beitrag von Wilhelm Neumann, Architekt und Direktor des Städtischen Museums zu Riga, der „Karl Graß als Maler" ge-

---

[1] Wilhelm Graß, Karl Gotthard Graß, ein Balte aus Schillers Freundeskreis. Ein Gedenkblatt aus Deutschlands klassischer Zeit, Reval, Franz Kluge 1912, S. 39/40.; O. v. Petersen, Goethe und der baltische Osten. Harro v. Hirschheydt, Hannover-Döhren 1971, S. 97.

[2] G. Tielemann, Livonas Blumenkranz. Riga und Dorpat 1818.

widmet ist.³ 1984 hat Romis Bēms in seinen „Betrachtungen zur lettischen Malerei der Zeit vom Ende des 18. bis zum Ende des 19. Jahrhunderts" für Graß ein eigenes Kapitel „Von Serben bis Sizilien" verfasst.⁴

Die Familie lässt sich bis nach Schlesien zurückverfolgen.

Um 1700 muss ein Vorfahre aus Breslau nach Livland eingewandert sein. Der Vater Karl Johann Graß wurde am 17. 03. 1720 in Livland geboren. Nach Erziehung im Waisenhaus in Riga studierte er in Jena 1750-1754 Theologie, war zuerst Pastor in Linden/Livland, dann von 1764 bis zu seinem Tode 1796 in Serben.

Im Pastorat zu Serben wurde Karl Gotthard Graß am 8. Oktober 1767 geboren. Die Ausbildung lag anfangs beim Vater und danach im Lyzeum Riga. 1786-1790 studierte er in Jena Theologie. Aus seiner Jugend berichtete er: „Mein Leben floß so ruhig, wie ein Bach. Alle Gegenstände spiegelten sich sanft in meiner Seele ab. ... Besonders ehrwürdig erschien mir mein Vater ... wenn er vor einem Baum, der in Blüte stand oder sonst einer Naturerscheinung ausrief: „Groß sind die Werke des Herrn!"

Ohne Anleitung begann er, sich mehr und mehr seiner Liebhaberei, dem Zeichnen und Malen, zuzuwenden. Die Reise nach Jena führte von Riga über Mitau, Libau nach Memel. Von dort ging es mit einem Boot bei stürmischem Wind bis Nidden auf der kurischen Nehrung und dann weiter nach Königsberg. Hier nahm er den Postwagen über Braunsberg nach Berlin, wo er sich wegen geschwollener Füße kurieren lassen musste, ehe er ausgehen konnte. „Ich erstaunte über die Pracht und Schöne dieser Stadt, wie über die Menge der Menschen, die ich hier sah; wo ich nur hinblickte, da war etwas, das meine Aufmerk-

---

[3] Wilhelm Neumann, Karl Graß als Maler. In: Wilhelm Graß, (wie Anm.1), S. 127 ff.
[4] Romis Bēms, Apceres par Latvijas Makslu simt Gados. 18.Gs Beigās - 19.Gs Beigās, Riga 1984, S. 55-66.

samkeit auf sich zog, und alles, was ich in dem Augenblick dachte, war: das ist die große Berlin".[5]

Und in einem Brief vom 20. Dezember 1786 aus Jena berichtete er über die Stadt: „Prächtige Gebäude, vortreffliche Prospekte, Statuen, Büsten, Promenaden, Kanäle, Brücken usw. sind die Hauptzierden dieser Stadt, die sich durch ihre Schönheit und durch die strenge Ordnung, die in ihr herrscht ... auszeichnet"[6].

Von Berlin reiste er im offenen Wagen nach Dresden, wohin er besondere Empfehlungen erhalten hatte. „Berlin entzückte mich, aber Dresden bezauberte mich fast. Noch glaub ich, sie immer vor mir zu sehen, die reizenden Gegenden um die Stadt, und erstaunt vor den Werken der Kunst und des Geschmacks dazustehen: die unschätzbare, durch Millionen gesammelte Bildergalerie schwebt noch immer vor meinen Augen und voll ist meine Seele von Seltenheiten voriger Jahrhunderte, deren Anblick mich in jene Zeiten versetzte, da der Tag der Kunst sich noch nicht seinem Abend zuneigte. ... Ich erwarb die Gunst der größten hiesigen Künstler und jeder bot mir willig die Hand, um meine Liebhaberei zu unterstützen, ich lernte außerdem Herrn Schiller, den Verfasser der Räuber und des Stückes Cabale und Liebe ... kennen".[7]

Von Dresden ging es dann nach Leipzig, das ihm nicht sonderlich gefiel wegen eines steifen und gezwungenen Tones. „Was nicht Student ist, wird vom Kaufmannsgeist beseelt"[8], lautete die Kritik von Graß.

Der Abstecher nach Dresden war in Riga vom Generalsuperintendenten Lenz übel vermerkt worden, worauf Graß noch antwortete: „Denn nicht mit Zwang habe ich das theologische

---

[5] Wilhelm Graß, Graß (wie Anm. 1), S. 18.
[6] Ebenda, S. 20.
[7] Ebenda, S. 20/21.
[8] Ebenda, S. 22.

Studium ergriffen, sondern der Wunsch, einst meinen Vater in seinem Alter zu erfreuen, der lohnende Gedanke, einst ein brauchbarer, Nutzen stiftender Mann zu werden, trieb mich dazu".[9] Dennoch mochte Graß seiner Neigung zur Kunst keineswegs entsagen.

Im Sommer 1789 unternahm er eine Reise, die ihn über Erlangen, Pommersfelden mit der prächtigen Schönbornschen Galerie, Regensburg, die Donau abwärts nach Wien und schließlich nach Prag führte.

Im Mai 1790 verließ er Jena wiederum. Sein Onkel Steingötter in Riga hatte ihm Mittel zur Verfügung gestellt, eine Hauslehrerstelle annehmen zu können. Zurückgekehrt schrieb er am 23. Dezember seinem Freund und Studienkameraden Paul Tiedemann, dem späteren Pastor an der Johanniskirche in Riga, von der glücklichsten Zeit seines Lebens: „Was ich mir so lang wünschte, von allen Verbindungen losgerissen zu seyn, ist mir geworden. Mit wenig Büchern und all meinem Gelde, zog ich - auf ein halbes Jahr hat ich Erlaubniß - zu einem Herrn von Keßler, Amtmann in Kuila, ... nahe bey Cassel, um dort ein halbes Jahr zu conditionieren.

Eine Reise nach Cassel - Künstler und die schöne Gallerie, Frühling und Gesundheit machten die frühe Liebe zur Kunst heftiger als jemals erwachen".[10] Herr Keßler zeigte Verständnis für den jungen Graß und entließ ihn zu seiner Wanderung über Frankfurt, Heidelberg, Straßburg, Basel, Zürich durchs Bündner- und Glarner Land nach Italien. Sein Ziel war Rom, das er aber wegen eines Fiebers nicht erreichte und auf ärztliches Anraten zurückkehrte.

1791 berichtete Graß dem Freund: „Neulich lernt ich auch den Geh. Rath Goethe kennen und wurde durch ihn bei der Herzogin Amalie introducirt, wo ich viele Zeichnungen sah".[11]

---

[9] Ebenda, S. 129.
[10] Ebenda, S. 130.
[11] Petersen, O. von: (wie Anm. 1), S. 97.

Tatsächlich wurde Graß am 6. Februar 1791 durch den in Kloten bei Zürich geborenen Maler und Kupferstecher Johann Heinrich Lips, der an der Weimarer Zeichenakademie als Lehrer wirkte, bei Goethe eingeführt. Der sah mit Interesse die Zeichnungen von Graß und erbat sich dessen italienische Studien, um sie dem Herzog Carl August zu zeigen. Überdies legte Goethe ihm einige Arbeiten des Landschaftsmalers Christoph Heinrich Kniep vor. Kniep, aus Hildesheim gebürtig, kam mit Unterstützung des Fürstbischofs von Ermland 1782 nach Rom, lernte in Neapel Philipp Hackert und Johann Heinrich Tischbein kennen, der ihn an Goethe als Begleiter für dessen Sizilienreise vermittelte. Goethe bezahlte den Zeichner und wollte damit selbst von der Aufnahme der Landschaft befreit sein, die er lediglich zu genießen dachte. Die von Kniep gezeichneten Ansichten Siziliens gingen in Goethes Besitz über und befinden sich heute im Goethe-Museum in Düsseldorf.

Für den Studenten Graß bedeutete Goethes Verhalten zu seinen Zeichnungen eine hohe Anerkennung, die ihn immer mehr von der Theologie entfernte. So schrieb er denn an seinen Vetter Salomo Graß nach Riga: „Jugend und Freiheit sträuben sich dawider, Neigung und Naturbestimmung reißen mich in eine andere Laufbahn".[12]

Mit diesem Entschluss reiste er in die Heimat. Bei einem kurzen Zwischenaufenthalt in Hamburg besuchte er Klopstock. Über das Gespräch berichtete er in seinem Tagebuch: „Ich fragte ihn, welchen Einfluss wohl nach seiner Meinung die Revolution in Frankreich auf die Religion haben würde und das fragte ich in Beziehung auf seine Messiade, weil mit dem Schicksal der Religion auch ihr Loos gefallen ist. Er sagt, wenn auch mehr natürliche Religion in Frankreich herrschen würde, so tut es der christlichen keinen Schaden, weil sie, wohlver-

---

[12] W. Graß, Graß (wie Anm. 1), S. 133.

standen, so sehr der Vernunft sich nähert".[13] Von Lübeck aus erreichte er zu Schiff die Heimat.

1792-1796 lebte er in Riga. Er gab dort Zeichenstunden. Wohl half er dem kranken Vater im Amt, aber die Ernennung zum Adjunkt, um die Nachfolge des Vaters anzutreten, wusste er geschickt abzulehnen. Es gab auch künstlerische Begegnungen und neue Freundschaften. Der Hauslehrer und spätere Professor für Ökonomie und Baukunst an der Universität Dorpat, Joh.Wilh. Krause, lebte im Winter 1792 mit der Familie des Barons von Mengden in Riga. Er hatte sich mit dem aus Görlitz stammenden Konrektor am Rigaer Lyzeum Johann Christoph Brotze befreundet, der durch Forschungen zur livländischen Geschichte und die mehrbändigen zeichnerischen Aufnahmen der verschiedensten Altertümer und Trachten ein großes Ansehen genoss.

Bei diesem Brotze nun begegnete Krause erstmalig unserem Graß. In seinen „Aufzeichnungen eines livländischen Hofmeisters vom Ende des 18. Jahrhunderts" berichtet Krause über das Zusammentreffen: „Ich fand bei ihm einen kleinen, jungen Mann mit verwilderten Haaren, schlottriger Kleidung und großen Fingernägeln. Er sprach gewählt, fein aphoristisch abgerundet, oft spitz, wie auch der Blick seiner Augen war, die unter einem Anschein von Übersehen doch spähten. Schiller war sein Ideal, Herder und Goethe passierten so nebenbei. ... Ich fühlte viel Reizbarkeit und noch mehr Egoisterei in allen seinen Äußerungen und demnach bemerkte ich wiederum eine Tiefe des Gefühls, verbunden mit echter Herzenskunde und Liebe zu den Menschen, zur Natur, zur bildenden Kunst, so dass mein Gemüt jenes vergaß und dieses mit Wohlbehagen

---

[13] Tagebuch einer Reise aus Thüringen über einen Teil des Harzes nach Lübeck (Zusammenkunft mit Klopstock in Hamburg 1791).

aufnahm, wie die Frühlingserde den sanften Regen aufnimmt".[14]

Die Grundlage einer neuen Freundschaft war gelegt. Krause suchte Graß auf und erzählte: „Es lagen Zeichnungen in allen Formen und Arten auf und unter den Stühlen. Ich nahm mehrere auf und äußerte meine Freude, wie mein Befremden über die Vernachlässigung so hübscher Blätter. ... Ich bat mir ein paar zum Kopieren aus; was wollen Sie mit dem Quark? sagte er und ließ sie mir halb ungern. Die freie kecke Behandlung, das besser zusammengehaltene Licht sprachen mich sehr an; beglückt eilte ich nach Hause, um sogleich einen Versuch in dieser Manier zu machen, denn bis jetzt hatte ich nur nach Kupfern, und nicht den besten, gezeichnet".[15] Schließlich besuchte Krause den Freund in seinem Elternhause in Serben.

Das Frühjahr 1796 führte zu einem schweren Schlag im seelischen Zustand von Graß. Seine Neigung zu Konstanze Piel, der Tochter des Pastors in Neuermühlen, blieb unerwidert. Seine Wahl zum Pastor in Sunzel half auch nicht über diesen Kummer hinweg. So verließ er am 22. Mai 1796 die Heimat, die er danach nicht wiedersah.

Über eine reine künstlerische Ausbildung war aus dem bisherigen Lebensgang wenig zu entnehmen. Anfänglich scheint er sich selbstständig gebildet zu haben, dann dürfte ihn Johann Heinrich Lips in Weimar beraten haben. Es tauchen in den Tagebuchaufzeichnungen von Graß noch eine Reihe Künstler auf, deren Namen und Werke heute längst vergessen sind. Christian Georg Schütz schätzte er wegen der Deckfarbentechnik, Johann Heinrich Meyer und Christian Duttenhofer schufen Radierungen nach Zeichnungen von Graß. Johann Pfenninger und Kaspar Rahn waren ihm lieb als Landschaftsmaler.

---

[14] Wilhelm Neumann, Karl Graß als Maler. In: Wilhelm Graß, (wie Anm. 1), S. 134/135.

[15] Wilhelm Neumann, Karl Graß als Maler. In: Graß, (wie Anm. 1), S. 135/136.

Einen kurzen Kunstunterricht erteilte ihm 1791 in Zürich der Maler Ludwig Heß, der von Salomon Geßner der Malerei zugeführt worden war. Mit Heß geht Graubünden in die Landschaftsmalerei ein. Der Kunstsammler und Maler Walter Kern sah in ihm ähnlich wie in dem Deutschen Joseph Anton Koch einen Wiedererwecker von der Idylle des 18. Jahrhunderts zur eigentlichen Landschaftsmalerei. Angeregt durch Heß und die Naturdichtungen des Freiherrn Johann Gaudenz von Salis-Seewis hielt sich Graß im Hause des Dichters in Graubünden auf. Die stille Größe der Alpenwelt und das Leben mit den Sennhirten erweckten verstärkt den Wunsch, ausübender Künstler zu werden. Die letzte Bestätigung wollte er sich von Ludwig Heß holen, doch als er nach der Mitte des April 1800 in Zürich eintraf, war dieser gerade verstorben. Das Verhältnis der beiden Künstler hatte sich so freundschaftlich entwickelt, dass die Witwe Heß die hinterlassenen Arbeiten ihres Gatten Graß zum Studium zur Verfügung stellte. Die solchermaßen enge Beschäftigung mit den Werken des verstorbenen Freundes führte zu dem Plan, ihm eine Biographie zu widmen. Aus einem Brief nach Livland an Johann Wilhelm Krause vom 23. Februar 1801 kennen wir die Konzeption in eine Lebensgeschichte und die Darlegung von den Kunsterfahrungen und den technischen Verfahren von Heß. Am 9. Mai 1801 übersandte Graß das Manuskript auf Anraten von Heinrich Lips an Goethe, erhielt aber keine Antwort.

Nach diesem Misserfolg verließ Graß Zürich und begab sich nach Paris, wo er nur kurz verblieb wegen der dort herrschenden unruhigen politischen Zustände. Bis zu Beginn des Winters 1803 blieb er in der Schweiz, um dann die unbezwingbare Sehnsucht nach einem Besuch Roms zu stillen. Erstaunlicherweise gibt es keinerlei Nachricht über Kontakte von Graß mit dem in Rom ansässigen deutschen Künstlerkreis. Er betrieb sein künstlerisches Studium auf eigene Art, lebte in der Landschaft mehr als Dichter einer romantisch-idyllischen Idealwelt.

Philipp Hackert, dem Goethe eine Biographie widmete, war für Graß kein bedeutender Künstler, „da er auf nichts anderes ausging, als Prospektansichten zu verfertigen"[16]. Wahrheit, Treue und Charakter fand er nicht bei Hackert. Er sah in ihm nur einen routinierten Abschreiber der Natur zur Erinnerung an gesehene Stätten, aus heutiger Sicht könnte man dies als einen Vorläufer der Ansichtspostkarte sehen.

Typisch für Graß und seine Hinwendung zur Kunst ist sicherlich, dass er nach dem Lesen der Reisebeschreibung des Grafen Stollberg von Sizilien begann, dessen dichterische Eindrücke in zeichnerische Gestaltungen umzusetzen, ohne die Insel gesehen zu haben.

Im Jahre 1804, als er zu Fuß in die Abruzzen wollte, überraschte ihn der Dichter Philipp Joseph von Rehfuß aus Tübingen, den er in Rom kennengelernt hatte, mit dem Vorschlag einer Reise nach Sizilien.

Die Reisegesellschaft setzte sich zusammen aus Rehfuß und den Berliner Architekten Gottfried Steinmeyer und Karl Friedrich Schinkel. Gottfried Riemann bezeichnet Graß in seinem Buch „Karl Friedrich Schinkel, Reisen nach Italien" eindeutig als Maler und Schriftsteller und kennzeichnet damit das Doppelwesen in seiner Natur.[17] Aus Schinkels Itinerarium geht hervor, dass die Reise am 8. Mai 1804 in Neapel begann, „als noch des Vesuvs zwiegespaltener Gipfel die frühe Sonne barg. Ein braver Kapitän und eine lustige Schiffsgesellschaft sicherten mir die Entschädigung für das Ungemach der Seefahrt. Wir hatten uns, mein alter Reisegefährte (Steinmeyer) und ich, mit zweien Freunde aus Rom verbunden (Graß und Rehfuß), die ganze Reise durch Sizilien zusammen zu machen, um durch

---

[16] Wilhelm Neumann, Karl Graß als Maler. In: Graß, (wie Anm. 1), S. 142.
[17] Gottfried Riemann, Karl Friedrich Schinkel, Reisen nach Italien, Berlin 1988, S. 295 Anm. zu S. 59.

gegenseitige Mitteilung soviel Nutzen als Vergnügen zu haben".[18]

Am 10. Mai meldet Schinkel die Ankunft im Hafen von Messina und beschreibt den Eindruck bei der Annäherung: „Der rauchende Ätna an der obern Hälfte ganz in Schnee gehüllt; Morgeneffekt auf dem glänzenden Schnee und den schönen Gebirgsformen umher".[19]

Am 17. schließlich besteigt die Gruppe den Ätna. Wieder gibt Schinkel eine lebendige Beschreibung des Aufstiegs. „Nach einer Anstrengung mehrerer Stunden erreichten wir die Felder des Schnees. Ein Felsblock, dessen Höhlung uns gegen den heftigen Sturm, der mit schneidender Kälte andrang, schützte, lud zur Ruhe uns ein und wir erfrischten die Kräfte durch Wein und kalter Küche und arbeiteten dann weiter hinauf zum Kegel des Kraters. ... Ich trachte nicht, die Empfindungen darzustellen, die das Gemüt an diesem Platze ergreifen. ... Nur dies eine Wort: ich glaubte, die ganze Erde unter mir mit einem Blick zu fassen, die Entfernungen erschienen so gering, die Breite des Meeres bis zu den Küsten Afrikas, die Ausdehnung des südlichen Kalabriens, die Insel selbst, alles lag so überschaulich unter mir, daß ich mich selbst fast außer dem Verhältnis größer glaubte".[20]

Die Reise geht dann weiter über Catania, Syrakus, zu den Tempeln von Agrigent, nach Girgenti, Marsala, dem Tempel von Segesta und endet für Graß in Palermo. Hier trennte er sich von der Gruppe und durchkreuzte die Insel allein bis zum 16. Juli 1805. Hier zog ihn vor allem das alte Kastell di Brolo an, wo er vom 13. August bis 11. September in der unbewohnten

---

[18] Hans Mackowsky, Karl Friedrich Schinkel. Briefe, Tagebücher, Gedanken. Berlin 1922, S. 59.
[19] Gotfried Riemann, Karl Friedrich Schinkel. Reisen nach Italien, Berlin 1988, S. 79.
[20] Hans Mackowsky, Karl Friedrich Schinkel. Briefe, Tagebücher, Gedanken. Berlin 1922, S. 63/64.

verfallenen Burg ohne Fenster in der einzigen bewohnbaren Zelle mit ein paar alten Möbeln ein eremitenhaftes Künstlerdasein führte. Er selbst äußerte sich über diese Zeit: „Oft trank ich dort im Schatten eines Baumes mit wollüstigen Zügen die kräuterreiche Luft. Bäche rauschten, und ihr Murmeln täuschte mich, als hörte ich bekannte Stimmen. Kein unbefriedigtes Verlangen war in meiner Seele; ich hatte über die Berge weggeschaut, und mich größer als sie gefühlt. Die Vergangenheit zog leicht verhüllt an mir vorüber. Ich hielt sie einen Augenblick an, und entließ sie sanft, ohne mit ihr zu hadern. Ich hatte keinen Feind. Der große Friede der Natur war in mein Herz gezogen".[21]

Nach seiner Rückkehr von Sizilien lebte er zumeist in Rom. In einem Schreiben aus dem Jahre 1809 klingt noch einmal die Befriedigung durch über den „beseligenden Aufenthalt in Sizilien", wenn es dort heißt: „So ist meine Sehnsucht nach dem Süden gestillt, weil es eine in meinem Innern liegende Forderung war, und ich habe es wenigstens in mir nicht gefunden, daß das menschliche Herz unersättlich ist".[22]

In Rom zog Graß dann das künstlerische Ergebnis des sizilianischen Aufenthaltes. Er schrieb darüber in der von Dr. Garlieb Merkel herausgegebenen Zeitung für Literatur und Kunst vom 20. Januar 1812: „In den Augenblicken der begeisternden Erinnerung in der Stille hoher abgeschiedener Einsamkeit, zu der mich inneres Bedürfnis trieb, weil ich mit keinem Nahen teilen konnte, was meine ganze Seele erfüllte - faßte ich den Gedanken vier Gemälde von Sizilien zu verfertigen, die eine lange Arbeit erforderten. In diese Bilder wollte ich meine ganze Leidenschaft hineinmahlen und gleichsam begraben. Sie sollten keine andere Bestimmung haben, als ein Denkmal mei-

---

[21] Wilhelm Graß, Graß, (wie Anm. 1), S. 85.
[22] Wilhelm Graß, Graß. (wie Anm. 1), S. 88.; G. Tielemann, Blumenkranz. (wie Anm. 2), S. 197.

nes Lebens und Strebens zu sein, und ich wollte sie um so mehr mir selber zum Andenken mahlen, da ich noch mit allen Schwierigkeiten der mechanischen Kunst zu ringen hatte. ... Sie sollten, wie es immer ginge, meine Empfindungen darstellen. ... Deswegen ließ ich mir auch von Andern so wenig als möglich einreden oder rathen, wo ich Anschauungen in mir trug, die auf eigenem Wege sich ans Licht ringen konnten. So wurden nach und nach in dem Lauf von vier Jahren, die vier Gemählde".[23]

Das erste schildert einen „Frühlingsmorgen im Tal von S. Angelo di Brolo." Es zeigt einen üppig bewachsener Vordergrund mit hohen Bäumen, darunter eine Dattelpalme, mit mehreren Gruppen von Landleuten belebt. Im Hintergrund öffnet sich der Blick in ein Flusstal, hinter dem sich ein hoher Bergrücken erhebt.

Das zweite Bild zeigt den Konkordiatempel bei Girgenti, links auf einem steil abfallenden Bergrücken. Rechts gleitet der Blick auf das von hohen Bergen begrenzte Meer. Im Vordergrund links sitzt auf einer kleinen Anhöhe ein die Syrinx blasender Faun, während auf dem Wege an dem großen Baum vorbei eine Herde dahinzieht.

Vergleichen wir dieses Bild von Graß mit einer Zeichnung, die Schinkel von den Tempeln bei Agrigent von der Natur aufgenommen hat. Der Konkordiatempel befindet sich in der Mitte des Blattes, rechts der Dianatempel. Diese Zeichnung ist ein reines Erinnerungsbild über die Lage der Tempel in der weiten Landschaft. Dennoch steht Schinkels Blatt in klarem Gegensatz zu dem, was Graß über Hackert sagte. Denn Schinkel schildert hier den Charakter der Landschaft und die in sie eingefügten Tempelbauten in voller Naturwahrheit. Graß dagegen sucht in sein Gemälde seine poetische Gefühlswelt in den darauf ausgerichteten Landschaftsprospekt einzubeziehen. Da-

---

[23] Wilhelm Neumann, Karl Graß als Maler. In: Wilhelm Graß, Graß (wie Anm.1), S. 145.

zu brauchte er den auf der Syrinx spielenden Faun als eine wieder aufflammende Erinnerung an die Antike und deren musikalisches Leben in der Natur.

Als drittes Bild malte Graß 1808 den Wasserfall von Carracci unter dem Ätna. Über den fast die ganze Bildmitte einnehmenden Wasserfall zwischen aufgetürmten Felsen wird der Blick in ein felsiges Land gelenkt, aus dem links der mächtige Kegel des Ätna aufragt. „Meiner angegebenen Idee getreu wollte ich nach Darstellungen des Lieblichen und Reizenden, das die Insel meinem Auge bot, auch eine Darstellung des Imponierendsten und Schrecklichen versuchen, das sich so häufig in den Regionen des Ätna befindet".[24] Mit diesen Worten kommentierte Graß selbst das Gemälde, das er für eines seiner gelungensten ansah.

Im vierten Bild schließlich schilderte er ein Idyll aus Theokrit mit der Küstenlandschaft von Taormina. Es soll die noch vorhandene Wirklichkeit zu Theokrits Dichtungen aufzeigen. Gemeint ist das Zwiegespräch des Dasius mit einem Mädchen, das die stürmisch begehrte Liebe des Hirten kühl abweist. Das Bild trägt neben der Signatur das Datum Rom 1809.

1809 erregten diese Bilder in einer Kunstausstellung auf dem Kapitol in Rom rege Aufmerksamkeit. Der französische Minister Degerando wollte sie für König Joachim Murat erwerben. Das aber lehnte Graß ab und verkaufte sie zu wesentlich geringerem Preis an den Rigaschen Handelsherrn Georg Wilhelm von Schroeder, aus dessen Nachlaß sie schließlich in das Städtische Museum Riga gelangten. „Für mich selbst" meinte Graß, „haben diese Gemählde keinen andern Werth, als daß Liebe und Leidenschaft sie zu Stande brachte, und daß ich

---

[24] Wilhelm Neumann, Karl Graß als Maler. In: Wilhelm Graß, Graß, (wie Anm.1), S. 146.

von Anfang an, als mir das Erste gelungen war, die Idee hatte, sie meinem Vaterlande zu bewahren".[25]

Neben dieser künstlerischen Tätigkeit arbeitete er literarisch weiter. Von einem Umgang mit den in Rom lebenden Künstlern und einem Gedankenaustausch über die Kunst ist entsprechend der schon zitierten Äußerung, sich nur auf die eigene Anschauung zu verlassen, nichts zu erfahren. Einzig im Hause des preußischen Ministerresidenten Wilhelm von Humboldt war er ein gern gesehener Gast. Sein Freund Tielemann meinte in dem Nachruf auf Graß sogar, er wäre in diesem Hause so gut als einheimisch angesehen worden.

Im Sommer 1808 lebte er vier Monate im Kloster Pallazuola an einem Kraterabhang über dem Albaner-See gelegen mit dem Blick auf Rom und die Weite des Meeres. Die Einfachheit des mönchischen Lebens führte zu einer Einfalt, von der er sagte: „Es wird so still in mir, daß ich zu denken aufhöre und bloß fühle: ich bin, ich war, ich werde sein".[26]

Zu Sylvester 1812 heiratete er die verwitwete Römerin Maria Antonia Grassi, mit der er einen Sohn Gustav hatte. Im Jahre 1814 erwog er ernstlich eine Reise in die geliebte Heimat, als er am 10. Juli einem plötzlichen Nervenfieber erlag.

---

[25] Ebenda, S. 148.
[26] G. Tielemann, Blumenkranz, (wie Anm. 2), S. 199.

WIDERSPIEGELUNGEN DER IDEE DES KLASSIZISMUS IN DEN SCHRIFTEN ÜBER DIE BILDENDE KUNST IN ESTLAND IM 19. JAHRHUNDERT

Juta Keevallik

Das Eindringen des Klassizismus in die bildende Kunst Estlands und die Verbreitung seines Gedankengutes fielen mit den wesentlichsten Veränderungen im Kunstleben zusammen. Im letzten Viertel des 18. Jahrhunderts waren das Erlernen und die Ausübung künstlerischer Berufe in Estland im Allgemeinen noch mit dem zünftigen Handwerk verschwistert. Mit dem Begriff „Kunst" bezeichnete man alle Tätigkeiten, die gewisse Fähigkeiten erforderten. So nennt zum Beispiel August Wilhelm Hupel im Jahre 1784 in seinem Aufsatz „Über den Aufbau neuer Städte in Hinsicht auf das Russische Reich, besonders auf Liefland"[1] Handwerker und Wollmanufakturier Künstler und stellt Gewerkszunft mit Kunstakademie gleich. Einige Jahre später zeigten sich schon die Anfänge einer neuen Haltung zur Kunst. Im Aufsatz „Der in Lief- und Ehstland zunehmende gute Geschmack" (1787)[2] verwendet Hupel die Begriffe „freie Künste" und „schöne Künste". Obwohl der Begriffsinhalt im Kontext seiner Überlegungen noch unklar bleibt, ist die Kunst für Hupel jetzt etwas mit dem Schönen und mit dem Geschmack Verbundenes, etwas, was höher als Handwerk, aber nicht so hoch wie Wissenschaft zu werten ist. Zu diesen neuen Ideen gesellten sich die ersten Zeichen von der Verselbstständigung der Kunst als einer schöpferischen Tätigkeit.

---

[1] A.W. Hupel, Aufbau der neuen Städte in Hinsicht auf das Russische Reich, besonders auf Liefland. In: Nordische Miscellaneen, Riga 1784, S. 12-63.

[2] A.W. Hupel, Der in Lief- und Ehstland zunehmende gute Geschmack. In: Nordische Miscellaneen. Riga 1787, S. 489-502.

Die ersten Veränderungen im Kunstleben fanden statt. 1798 wurde die erste Kunstausstellung in Reval veranstaltet. Einige, vor allem wandernde Künstler boten privaten Kunstunterricht in Estland an. Die Entwicklung der Kunstverhältnisse verlief in Richtung der Schaffung einer der Neuzeit entsprechenden Struktur des Kunstlebens. Im 19. Jahrhundert entstand schon ein neues Berufsbild des freischaffenden Künstlers, und die im Jahre 1803 an der Dorpater Universität eröffnete Zeichenschule bot die Möglichkeit zu einer systematischen Kunstausbildung in der Heimat. Eine tiefe Veränderung im Umgang mit Kunst vollzog sich durch neue Institutionen des Kunstlebens - Ausstellung, Museum, Kunstpublizistik. Aber das bedeutete keinen vollständigen Bruch mit dem alten System der künstlerischen Kultur, oft verflochten sich die alten und die neuen Formen des Kunstlebens miteinander, und die Grenzen der künstlerisch-schöpferischen Tätigkeit blieben noch recht vage. In diesen Verhältnissen waren die Hervorhebung der Rolle der Kunst in der Gesellschaft, die Erklärung des Wesens und der Ziele der Kunst sehr wichtig. Anfang des 19. Jahrhunderts trug das Gedankengut des Klassizismus zur Abgrenzung der Sphäre der künstlerischen Tätigkeit, zur Aufwertung der Kunst und zur Entwicklung des Kunstverständnisses in Estland in bedeutendem Maße bei.

Der Klassizismus ist vor allem die Kunst und Kunstlehre der Akademien gewesen. In Estland gab es keine Kunstakademien und der Klassizismus bildete sich in der hiesigen bildenden Kunst nur teilweise heraus. Die „höheren" Gattungen fehlten gänzlich, der Klassizismus entwickelte sich hauptsächlich im Rahmen der Porträtkunst und des Landschaftsbildes, die nicht so strengen Stilregeln folgten wie z.B. die Historienmalerei. Früh traten realistische Bestrebungen sowie romantische Tendenzen zutage. Die Zahl der Werke, die man als Erscheinungen des reinen Klassizismus oder der reinen Romantik qualifizieren kann, war gering. Dominierend war mäßiger Realismus, der entweder durch Einflüsse des Klassizismus eine geordnetere und idealere Gestalt erwarb oder von poetischer Stimmung durchtränkt war. Kennzeichnend für die künstlerische Situation in Estland war das Nebeneinander von verschiedenen Auffassungen. Zwischen den unterschiedlichen Kunstströmungen wurden keine heftigen Kämpfe oder Meinungsstreitigkeiten ausgetragen.

Als die wichtigsten Vertreter des Klassizismus sind vor allem Karl Ferdinand von Kügelgen (1772-1832) und Karl August Senff (1770-1838) zu erwähnen. Eine gewisse Anregung zur Entwicklung der hiesigen Kunst haben auch die Werke von Franz Gerhard von Kügelgen (1772-1820) gegeben. Die Landschaftsbilder von K.F. von Kügelgen sind meistens nach klassizistischem Schema komponiert und vermitteln ein ideales Bild der Welt. Im Laufe der Zeit aber verstärkten sich in seinem Werk die für biedermeierlichen Realismus charakteristischen Bestrebungen. In den Bildnissen und Landschaften von K.A. Senff verbindet sich mit der klassizistischen Rationalität und Idealisierung eine gewisse romantische Schattierung. K.A. Senff war der erste Zeichenlehrer der Zeichen-Anstalt der Dorpater Universität. Seiner Lehrtätigkeit lagen akademische Methoden zugrunde, das Niveau des Unterrichtes entsprach den Erfordernissen der Vorbereitungsklasse der Kunstakademie.[3] Die von Senff verfassten Vorlageblätter helfen uns, Licht auf seine Lehrmethode und Kunstauffassungen zu werfen. Im Begleittext zu seinem Werk „Vorzeichnungen für Anfänger im Landschaftszeichnen" betont er, dass das Ziel des Künstlers sei, die Eindrücke der Natur durch eine wahrheitsgetreue Darstellung und wohlbedachte Wahl zu bewahren.[4] Dieses Prinzip

---

[3] T. Nurk, Karl August Senff. In: Tartu Kunstimuuseumi almanahh 1. Tartu 1964, S. 52.
[4] K.A. Senff, Vorzeichnungen für Anfänger im Landschaftszeichen. Dorpat, S. I.

galt sowohl für seine Lehrtätigkeit als auch für sein eigenes Schaffen.

Im zweiten Viertel des vorigen Jahrhunderts lebten noch einige Züge des Klassizismus in den Werken der Vertreter der realistischen Richtung fort. So klingt die klassizistische Kompositionsweise in den Werken der frühesten Schaffensperiode von August Matthias Hagen (1794-1878) und Friedrich Sigismund Stern (1812-1889) nach. Auch die von Gustav-Adolf Hippius (1792-1856) im Jahre 1822 in Petersburg gezeichnete Serie der Porträts „Les Contemporains" ist mit der klassizistischen Auffassung verbunden. Einige Spuren des Klassizismus kann man in den Landschaften und Stadtansichten von Georg Friedrich Schlater (1804-1870) bemerken. Neben den Einflüssen der nazarenischen Romantik kommen in den Altarbildern von Carl Sigismund Walther (1783-1866) Reminiszenzen des Klassizismus vor. In der Bildhauerkunst gab es in Estland lange Zeit keine eigenen Kräfte. Anfang des 19. Jahrhunderts wurden die besten klassizistischen Werke importiert. Im letzten Viertel des Jahrhunderts trat mit seinem nachklassizistischen Schaffen der estnische Bildhauer August Weizenberg (1837-1921) zum Vorschein. Er arbeitete damals außerhalb der Heimat, hat aber von 1878 an von Zeit zu Zeit seine Werke in Estland ausgestellt. Übrigens war die Ausstellung seiner Werke im Estländischen Provinzialmuseum im Jahre 1878 die erste Ausstellung der Bildhauerkunst in Estland überhaupt. Obwohl man in seinen Werken auch romantische, realistische oder sogar naturalistische Züge finden kann, war sein höchstes Ziel immer die reine plastische Form, edle Ruhe und ideale Schönheit.

Ideen des Klassizismus kamen in Estland in den Schriften über die bildende Kunst Anfang des 19. Jahrhunderts zum Vorschein und behielten bis zur Mitte des Jahrhunderts eine gewisse Bedeutung bei. Am Ende des Jahrhunderts standen sie schon im Dienste der konservativen Kräfte, die sich allen Neuerungen widersetzten.

Außerordentlich groß waren in der ersten Hälfte des Jahrhunderts die Verdienste Karl Morgensterns bei der Verbreitung der Kenntnisse über die Kunst. Karl Morgenstern (1770-1852) war Professor für Beredsamkeit, klassische Philologie, Literatur- und Kunstgeschichte an der Dorpater Universität sowie Direktor der Bibliothek und des Kunstmuseums der Universität. Von ihm stammt das erste in Estland veröffentlichte Büchlein über die Kunst „Über einige Gemälde", das 1805 in Dorpat gedruckt wurde. Informationen über die Kunst vermittelten oft auch die von ihm herausgegebenen „Dörptischen Beyträge für Freunde der Philosophie, Literatur und Kunst" (I-III, Dorpat-Leipzig, 1814, 1816, 1817-1821). Eine wesentliche Rolle spielten die Erörterungen über die Kunst in seinem Buch über seine Italienreise.[5] Morgensterns Abhandlungen wurden oft sowohl in einheimischen als auch ausländischen Zeitungen und Zeitschriften veröffentlicht. Als Zusammenfassung seiner ästhetischen Standpunkte gilt das 1815 erschienene Programm für Ästhetik an der Dorpater Universität „Grundriß einer Einleitung zur Ästhetik mit Andeutungen zur Geschichte derselben". Man hat in seinem geschichtlichen Denken, in seinem Herangehen an die Entwicklung der Kunst Parallelen zu Hegel gezogen.[6] Man kann, besonders aufgrund seiner Behauptung, dass die antike und mittelalterliche Kunstart bei dem neuen Schwunge der europäischen Bildung verschmelzen[7], auch Gemeinsamkeiten mit F. Schlegel feststellen, der ja in der Synthese der geschichtlichen Entwicklungsetappen der Kunst einen Weg zur objektiv schönen Poesie sah. Für Morgenstern spielte die Kunst im Sys-

---

[5] Karl Morgensterns Reise in Italien im Jahre 1809. Auszüge aus den Tagebüchern und Papieren eines Reisenden. I-III, Dorpat-Leipzig. 1811-1813.

[6] L. Stolovitsch, O programme kursa estetiki Karla Morgensterna. In: Utschonyje zapiski Tartuskogo Gosudarstvennogo universiteta. Trudy po filosofii. Tartu 1958, S. 234.

[7] K. Morgenstern, Grundriß einer Einleitung zur Ästhetik mit Andeutungen zur Geschichte derselben. Dorpat 1815, S. 14.

tem der Erziehung der Menschen eine wesentliche Rolle und war eines der Mittel zur Erkenntnis der Welt. In seinen Überlegungen über die Kunst kam die für die Aufklärung charakteristische Idee vom Schönen als der Form der Wahrheit und des Guten zum Vorschein. Morgensterns Schriften boten umfangreiche Auskunft über verschiedene Bereiche der Kunst - über einheimische und ausländische, über ältere und neuere Kunst. Oft stellten sie eine komplizierte Verflechtung von aufklärerischen Ideen, klassizistischen und romantischen Auffassungen dar. Morgenstern war kein Vorkämpfer, weder des Klassizismus noch des Romantismus, eher bemühte er sich um den goldenen Mittelweg zwischen den beiden. Die Abhängigkeit von den klassizistischen Auffassungen ist in den früheren Schriften Morgensterns deutlicher sichtbar. Von den 1820er Jahren an verstärkten sich romantische Züge, die jedoch niemals dominierend wurden.

Am 12. Dezember 1803 hat Morgenstern bei Bekanntmachung der ersten Preisaufgaben für die Studierenden der Kaiserlichen Universität zu Dorpat eine Rede über Johann Joachim Winckelmann gehalten, die 1805 in Leipzig gedruckt wurde.[8] Mit seinem Vortrag wollte Morgenstern, wie er selbst gesagt hat, die Studenten „durch ein großes Beispiel wecken"[9]. Von diesem Zweck ging auch seine Darstellung aus. Er schildert eingehend Winckelmanns Lebenslauf, spricht aber fast nicht von seinen Kunstauffassungen und Prinzipien der Kunstgeschichte. Er betont nur zwei Aspekte. Erstens, dass sich Winckelmann an der Betrachtung der antiken Kunst einen richtigen und festen Geschmack gebildet habe. Zweitens, dass er in seinem berühmten Buch „Geschichte der Kunst des Altertums" „jene auf solche Art behandelt hatte, daß sie zugleich einen wesentlichen Teil der Geschichte der Menschheit ausmacht, und daß sie bedeutenden Einfluß gewinnt auf die Veredelung

---

[8] K. Morgenstern, J. Winckelmann. Rede. Leipzig 1805.
[9] Ebenda, S. 4.

des Geschmacks aller bildungsfähigen Menschen".[10] Die Vorstellung Winckelmanns, dessen Konzeption der antiken Kunst bei der Entstehung des Klassizismus in Europa eine große Rolle gespielt hatte, war damals in Estland an und für sich bedeutungsvoll.

Die Lieblingsthemen Morgensterns waren das Schaffen von Raphael und die zeitgenössische Kunst. Er hat über Raphaels „Sixtinische Madonna", „Cecilia", „Madonna dell Impannata" und „Verklärung Christi" geschrieben. Besonders gut ist die Abhängigkeit von klassizistischen Standpunkten in seinem Aufsatz „Rafaels Marie in der Gallerie zu Dresden"[11] sichtbar. Ausführlich beschreibt Morgenstern die „Sixtinische Madonna". Wichtiger als die malerische Wirkung ist für ihn der geistige Gehalt des Bildes. Er ist der Meinung, „ein blendenderes Colorit, ein glänzenderes Helldunkel würde der Wirkung der hohen Einfalt, der stillen Größe dieses Bildes geschadet haben".[12] Der zeitgenössischen Kunst sind Morgensterns Artikel „Davids Sabinerinnen"[13], „Die Schwester Minna und Anette von B., gemalt in Rom, Ölgemälde von Schick"[14] und „Über Canovas Friedensgöttin[15] gewidmet. Wie stark Morgensterns Auffassungen durch die für Deutschland charakteristi-

---

[10] Ebenda, S. 20.
[11] Der Ansatz wurde schon 1798 in „Der Neue Teutsche Merkur" veröffentlicht, dann erschien er 1805 in Morgensterns Büchlein „Über einige Gemälde" und 1814 noch einmal in der Zeitschrift „Dörptische Beyträge für Freunde der Philosophie, Literatur und Kunst".
[12] K. Morgenstern, Rafael's Marie in der Gallerie zu Dresden. In: Über einige Gemälde. Dorpat 1805, S. 11-12.
[13] K. Morgenstern, Davids Sabinerinnen. In: Bibliothek der redenden und bildenden Künste. Bd. 8, Leipzig 1811, S. 8-17.
[14] K. Morgenstern, Die Schwestern Minna und Anette von B., gemalt in Rom, Ölgemälde von Schick. In: Das Inland, 22. April 1836, S. 281-283.
[15] K. Morgenstern, Über Canova's Friedensgöttin. In: Dörptische Beyträge für Freunde der Philosophie, Literatur und Kunst. Dorpat-Leipzig 1821, S. 449-463.

sche Klassizismuskonzeption geprägt waren, geht aus seiner Behandlung von Davids „Sabinerinnen" hervor. Nach Morgensterns Meinung hat David nur äußere Form und nicht die Seele der antiken Kunst übernommen. Er wirft dem Bilde Theatralik vor und ist überzeugt, daß das Bild „den Deutschen, der die Alten und Raphael kennt, bey allem Geräusch kalt läßt".[16] Bei der Beschreibung des Porträts von Schick bewegt sich Morgenstern zwischen klassizistischen und romantischen Standpunkten. In Gottlieb Schicks Idealporträts hat der Mensch oft, dank den Abtönungen der romantischen Empfindlichkeit, eine gewisse Wirklichkeitsnähe erfahren. Eine solche Darstellungsweise scheint Morgenstern besonders zu schätzen. Im Jahre 1821 erschien Morgensterns Aufsatz „Über Canovas Friedensgöttin". Morgenstern fesselten in diesem Bildwerk vor allen die reinen, edlen Formen und der Ausdruck der Ruhe und Stille. Seinem eigenen Aufsatz hat er hier noch den Aufsatz von Nikolai Gneditsch [17] folgen lassen. Der letztere bringt die klassizistischen Ideen deutlicher zum Ausdruck als Morgenstern selbst. Gneditsch führt aus, „die Gefühle sind nicht das einzige, was man haben muß, um das Schöne in den Künsten wahrnehmen zu können. Es will mit dem Verstande begriffen und herausstudiert werden".[18]

Um die Mitte des Jahrhunderts verflochten sich in den Schriften über die bildende Kunst oft klassizistische und romantische Auffassungen miteinander, dabei spielten die romantischen Ideen bereits eine führende Rolle.

Im Jahre 1850 hat der Maler Gustav Adolf Hippius sein Buch „Kunstschulen" veröffentlicht, das in Estland als das erste Lehrbuch der Kunstgeschichte für allgemeinbildende Schu-

---

[16] K. Morgenstern, Davids (wie Anm. 13), S. 17.
[17] Nikolai Gneditsch (1784-1833), russischer Dichter und Kunstkritiker. Sein Aufsatz über Antonio Canovas Friedensgöttin wurde schon 1817 in der russischen Zeitschrift „Syn otetschestva" veröffentlicht.
[18] K. Morgenstern, Friedensgöttin, (wie Anm. 15), S. 455.

len gilt. In der Einleitung des Buches versucht Hippius, mittels Aphorismen, das Wesen der Kunst zu erklären. Hier verflechten sich aufklärerische Ideen über die erzieherische Rolle der Kunst in der Gesellschaft mit romantischen und klassizistischen Standpunkten über das Wesen der Kunst. Die theoretischen Ansichten von Hippius, der in seinen Jugendjahren in Rom verweilte und Umgang mit Künstlern der Nazarenergruppe pflegte, sind stark von den deutschen Romantikern beeinflusst worden. Aber bei der Erörterung über das Wesen der Kunst greift er auch auf klassizistische Ideen zurück und nimmt wahrscheinlich die Unstimmigkeit zwischen den klassizistischen und den romantischen Auffassungen nicht wahr. Ähnlich wie die Klassizisten spricht er über die Rolle der Vernunft in der Kunst: „Beide, die Wissenschaft wie die Kunst, vermögen nichts ohne Anwendung des Verstandes und eben weil die Kunst auf Verstand, auf Wissen beruht, so werden ihre Werke auch vorzüglich durch die Wissenschaft verstanden und beurtheilt".[19] Ähnlich wie die Klassizisten misst Hippius dem geistigen Gehalt und der Auswahl des Schönen in der Kunst großen Wert bei. So schreibt er: „Kunst ist das reflectierende Bild der Natur, aber ihre Vollkommenheit besteht nicht in getreuer, peinlicher Nachahmung, sondern einzig in der geistigen Auffassung und der Auswahl des Schönen und dessen lebendiger Darstellung"[20].

An das klassizistische Gedankengut wendet sich manchmal in den 1860er Jahren auch Leopold von Pezold (1832-1907), Journalist und Künstler, ein Vertreter der realistischen Richtung. In seinem Aufsatz „Das Weltgericht der Danziger Marienkirche" versucht er den Unterschied zwischen der mittelalterlichen und der neuzeitlichen Kunst theoretisch zu behandeln. Er ist der Meinung, dass ebenso wie die mittelalterliche Kunst den Beschauern vermittels der Symbole den Himmel ge-

---

[19] G.A. Hippius, Kunstschulen. Leipzig 1850, S. 4.
[20] Ebenda.

öffnet hatte, die neuzeitliche Kunst dieselben Ziele mit Hilfe der erhabenen, typischen Schönheit erreichen kann. Seine Erörterungen über die typische Schönheit sind recht verworren. Er schreibt: „Die typische Schönheit trägt ihr Gesetz in sich, d.h. beide Formen sind einander gegenübergestellt, wie Wirklichkeit und Wahrheit. Die Schönheit hebt unsere Seele ohne Symbole aus Allegorien zum Ewigen und Wunderbaren empor. Sie gibt unser Denken frei, indem sie unser Fühlen ergreift; sie ist die einzige rechte Einheit von Form und Inhalt, bedingt diese wie jene wechselseitig und ist aller Zeit und jedem menschlichen Gefühle verständlich".[21] Trotz alledem ist hier die für den Klassizismus charakteristische Idee der höheren Wahrheit des Idealschönen erkennbar.

Die zweite Hälfte des vorigen Jahrhunderts war das Zeitalter der Vorherrschaft des Realismus in Estland. Man wandte sich vor allem den Problemen des Realismus zu. Eine Ausnahme bildet der Aufsatz von Gustav Wilmanns im Jahre 1871, der von einer hohen Wertschätzung des Klassizismus Zeugnis ablegt. Gustav Wilmanns (1845-1878), ein Absolvent der Berliner Universität, war vom Jahre 1869 bis zum Jahre 1871 Dozent für Archäologie an der Dorpater Universität. Vielleicht erklärt sich seine Begeisterung für den Klassizismus aus beruflichen Gründen, aus seiner Beschäftigung mit klassischer Philologie und der Geschichte der antiken Welt. In seinem Aufsatz gibt Wilmanns einen Überblick über die Dorpater Gemäldeausstellung im Jahre 1871. Besonders hebt er die Zeichnung von J.A. Carstens hervor, die eine Episode aus Platos „Gastmahl" darstellte. Er legte viel Wert auf dessen Schaffen und behauptet, dass J.A. Carstens der erste gewesen sei, der „der mechanischen Methode der Malerei entgegentrat und ihr den Weg wies,

---

[21] z- (L. von Pezold), Das Weltgericht der Danziger Marienkirche. In: Extrablatt zur Revalschen Zeitung Nr. 120, 29. Mai 1865.

auf dem wahre Schönheit und Würde wiedergewonnen werden können, durch liebvolles Studium der Antike und Natur".[22]

Am Ende des Jahrhunderts wird ein Zurückgreifen auf klassizistische Ideen in den Schriften von Alfred Graß und August Weizenberg sichtbar.

Alfred Graß (1862-1933), Sprachlehrer von Beruf, eifriger Kunst- und Theaterfreund, schrieb vor allem Ausstellungsrezensionen, interessierte sich daneben jedoch auch für theoretische Fragen der Kunst. Seine Schriften, oft mit schulmeisterlichem Ausdruck, zeugen von eher konservativen Anschauungen. Obwohl er über die neuen Kunstströmungen in Europa im Bilde war, blieben sie ihm völlig unverständlich. Abweisend verhielt er sich auch den extremen Erscheinungen des Realismus gegenüber. In einem Aufsatz über die Dorpater Gemäldeausstellung im Jahre 1895 hebt Graß das Fehlen moderner Tendenzen und des extremen Realismus als lobenswert hervor: „Nur der crasse Naturalismus und die abstoßenden Extravaganzen der Freilichtmaler und des Impressionismus fehlen gänzlich: ein gutes Zeichen für den gesunden Geschmack unseres bildkaufenden Publikums".[23] Der Aufsatz „Über Kunstsinn"[24] von Graß hilft uns einen Einblick in die Welt seiner theoretischen Überzeugungen zu gewinnen. Hier kommt die Anklammerung an einige Ideen des Klassizismus zum Vorschein. Graß ist der Ansicht, dass es feste Kunsturteile von absoluter Gültigkeit für alle Zeiten gibt. Zur ersten Vorbedingung für das Verständnis eines Kunstwerkes zählt er die Kenntnis des dargestellten Gegenstandes und das Verständnis für die Sphäre des Künstlers. Als zweite Vorbedingung folgt die Fä-

---

[22] G. Wilmanns, Zweite Dorpater Gemälde-Ausstellung. In: Revalsche Zeitung. 25. März 1871.

[23] (A. Graß): Von der Kunst-Ausstellung. I. In: Neue Dörptsche Zeitung, 5. April.1895,

[24] A. Graß, Über Kunstsinn. In: Baltische Monatsschrift, Bd. 42, 1895, S. 20-28, 89-99.

higkeit, den Gegenstand der Darstellung mit Gemüt erfassen zu können und als letzte - der Sinn für ästhetische Schönheit. Das Wesen und das Ziel der Kunst versucht Graß mit Hilfe der Begriffe Schönheit, Ideal, Harmonie, Ordnung und Gesetzmäßigkeit zu erklären. So schreibt er: „Wie für seinen Geist, so sucht der Mensch auch für seine Sinne gegenüber der verwirrenden Mannigfaltigkeit der äußeren Erscheinung der Dinge nach einem Ruhepunkt, nach einer Form, welche die ihn harmonisch befriedigende Ordnung und Gesetzmäßigkeit zeigt. Diese Form ist die Schönheit. Die Darstellung des Schönen in freiem Gelände erstrebt die Kunst. Ihr Ziel ist die Harmonie. Ihr Weg dahin ist Suchen, Mühen, ein Weg, schwierig, einem ewig höher erscheinenden Ideale entgegenführend, aber bei allem Ringen unendlich beglückend".[25]

Für den Bildhauer August Weizenberg waren die Ideen des Klassizismus zur Rechtfertigung seines eigenen Schaffens sehr wichtig. Dank seiner außerordentlichen Zielstrebigkeit und zäher Arbeit war dieser estnische Dorfjunge Künstler geworden. Er studierte an der Petersburger, Berliner und Münchener Akademie der Künste, zog danach nach Italien und hielt sich längere Zeit in Rom auf. Seiner Künstlerausbildung nach war er Klassizist. Besonders die Jahre in München und Rom haben zur Herausbildung seiner klassizistischen Kunstauffassungen beigetragen. Am Ende des vorigen Jahrhunderts hat Weizenberg einige Artikel über die Kunst in den estnischen Zeitungen veröffentlicht. Ein typisches Beispiel ist sein Aufsatz „Über die Kunst", der im Jahre 1898 veröffentlicht wurde.[26] Weizenberg äußert sich abfällig über das „schwache Imitieren der Natur und die Gefühlspielerei" in der Kunst. Die Kunst der Gegenwart „stößt uns vom Idealschönen und Hohen fort" - so Weizenberg - „und versucht uns zu erklären, daß das Niedrige und

---

[25] A. Graß, Über Kunstsinn, S. 20.
[26] A. Weizenberg, Kunst. In: Postimees, 15.-16. Mai 1898.

Häßliche schön sei".[27] A. Weizenberg war kein Theoretiker, sein Bildungsniveau war dazu nicht hoch genug. Oft klingen in seinen Schriften persönliche Motive mit - das Gefühl des Ausgeschlossenen, starrköpfiges Glauben, dass nur seine Vorstellungen von Kunst und Welt alleinseligmachend sind.

Die Verbreitung und Entwicklung des Klassizismus in Estland wurde von den Traditionen der hiesigen Kunstverhältnisse geprägt. Infolge der historischen Umstände beeinflusste der Klassizismus die Kunstpraxis nur zum Teil, und sein Gedankengut hat sich nicht als ein strenges ästhetisches System verwurzelt, man hat nur einige Ideen und einige Formen übernommen. Hervorzuheben ist dabei die stimulierende Rolle der Ideen des Klassizismus bei der Trennung der Kunst vom Handwerk und bei der Verbreitung der Kenntnisse über die Kunst vom Handwerk als einer schöpferischen Tätigkeit.

---

[27] Ebenda.

Personenregister

(Zahlen in *Kursiv* verweisen auf Abbildungen)

Amalie, Herzogin 186
Amalie, Prinzessin von Preußen 21
Anna Charlotte Dorothea, Herzogin von Kurland 17
Arends, Peteris 29

Bahrd, F. 81
Barclay de Tolly 9, 117
Batoni, Pompeo 18
Baumanis, Jānis Frīdrichs 162, 163
Baumann, Johann Heinrich 10
Bause, 11
Behr, Baron von 142,143
Bēms, Romis 184
Berkholz, von 162
Berg, Johann Gottfried 44
Berg, Johann Gottfried jun. 44
Bernhardt, Joachim 59
Bertschy, Guido 141
Bertschy, Max Paul 140
Bertschy, Max Theodor 140
Bistram, P. Baron von 137
Blankenhagen, Peter Heinrich von 14
Blankenhagen, O. von 149
Bock, P. J. 143
Bockslaff, Wilhelm 143-151
Bodt, Jean de 71
Bohnstedt, Alfred 174
Bohnstedt, Ludwig 161, 162, 164-175, *176*
Bornhaupt, K. Fr. 81
Bosse, Gotthilf 11
Bosse, Harald Julius 166
Breitkreuz, Christian Friedrich 9
Brotze, Johann Christoph 10, 14, 56, 57, 61, 63, *96*, 188
Buddeus, Friedrich Christian 10

Campe, Paul 63, 73
Campenhausen, Balthasar Baron von 142, 143, 146

Carl August, Herzog 187
Carstens, J. A. 206
Clodt von Jürgensburg, Peter Jakob 10

David, 203, 204
Degerando, 195
Dellingshausen, Friedrich Adolph von 112
Derschau, von 36
Dicht, Heinrich Eduaerd 30, 38, 39, 40, 41
Döring, Julius 47
Dorothea, Herzogin von Tallyrand-Perigord 10, 17, 21, 22, 24, 40
Doux, C. N. Le 78
Dunten, J. G. von 84
Duttenhofer, Christian 189

Eggink, Johann 11
Elena Pawlowna, Großfürstin 161
Engel, Carl Ludwig 113

Fechhelm, Traugott 10
Fellner, 170
Ferdinand, Herzog 38
Fircks, Baron von 135, 150
Fontane, Theodor 20
Friedrich II. der Große 21
Friedrich Wilhelm II. 8, 17

Gadebusch, Konrad Friedrich 14
Gaudenz von Salis-Seewis, Johann Freiherr von 190
Geßner, Salomon 190
Gierdt, Daniel Friedrich 85
Gilly, David 39
Gneditsch, Nikolai 204
Goethe, Johann Wolfgang von 10, 12, 13, 183, 186-188, 190, 191
Gottfried, Johann Daniel 9, 81
Graff, Anton 8, 11, 22
Graß, Alfred 207
Graß, Gustav 196
Graß, Karl Gotthard 183-189, 191-196,
Graß, Karl Johann, 184
Graß, Salomon 187

Graß, Wilhelm 183
Grassi, Maria Atonia 196
Grotthuss, Baron von 152
Grunde, Samuel Benedikt 10
Gutzeit, W. von 61

Haacke, A.A. 81
Haberland, Christoph 9, 63, 66, 70-79, 131, 143, 144, 147, 148, 151
Hackert, Philipp 17-19, 21, 187, 191, 194
Hagemohn, 10
Hagen, August Matthias 12, 200
Hahn, Baron von 36, 137
Harnack, Adolf 13
Hau, Johannes 10
Hegel, Georg Friedrich Wilhelm 7, 201
Helmer, 170
Herder, Johann Gottfried 8, 13, 188
Herz, Henriette 25
Hesse, Friedrich Wilhelm 167
Heß, Ludwig 190
Heubel, Alexander 11
Hippius, Gustav 11
Hippius, Gustav-Adolf 200, 204, 205
Hoffmann, Otto 128
Hripkov, Alexander 11
Humboldt, Wilhelm von 10, 13, 25, 196
Humboldt, von Fräulein 24
Hupel, August Wilhelm 105, 197

Ignatius, Otto 11
Jänichen, Johann Andreas 109
Jannau, Heinrich Johann von 107, 115
Jegorow, Pjotr 62
Jensen, Severin 9, 30-37
Joukovsky, 11, 12
Jusupowa, Zinaide Iwanowna Fürstin 161

Kalopka *119*
Kampe, Paul 142
Kant, Immanuel 13, 24
Katharina II. Zarin 64, 69

Kauffmann, Angelika 18, 19
Kern, Walter 190
Keßler, von 186
Klara, August Philipp 11
Klengel, 11
Klopmann, von 36
Klopstock, Friedrich Gottlieb 187
Kniep, Christoph Heinrich 187
Knorring, Gotthard Johann von 110
Koch, Joseph Anton 24, 190
Kolopka, Karl 72
Körner, Christian Gottfried 183
Körner, Theodor 183
Koslowski, M. 74
Kotzebue, August von 10
Kranhals, Johann Gabriel 110
Krause, Johann Wilhelm 9, 14, 147, 148, 188-190
Krieck, Johann Peter 81
Krubsacius, Fr. A. 71, 146
Krüger, Woldemar Friedrich 12
Kügelgen, Franz Gerhard von 199
Kügelgen, Gerhard von 11
Kügelgen, Karl Ferdinand von 199
Kügelgen, Karl von 11
Kütner, Samuel Gottlieb 11

Lacy, Graf von 145
Lancmanis, Imants 15, 141
Langhans, Karl Ferdinand jun 166, 167
Lenz 185
Lenz, Christoph David 15
Lenz, Jakob Michael Reinhold 15
Lessing, Gotthard Ephraim 27
Lieven, Charlotte Fürstin 10
Lieven, Michael Fürst 129
Lieven, Friedrich Georg von 10
Lieven, Marie Elisabeth 10
Lips, Johann Heinrich 187, 189, 190
Lobkowitz, 17
Longelune, Zacharias 71
Löwis of Menar, Andreas 12

Malinovsky, Demut 9
Manteuffel, Karl Baron von 134
Manteuffel, N. Baron von 140
Maria Pawlowna, Großherzogin 22
Martos, Ivan 9
Maydell, Ludwig von 11
Meck, G. J. von 84
Medem, (F.) 17
Medem, Graf 8, 33, 34, 41, 43, 49
Medem, H. von *48*, 141
Medem, Jeannot Graf von 17, 40, 42,
Medem, Karl von 15, 17, 22, 29
Meier, 74
Mellin, Graf 14, 149
Mendelssohn, Moses 27
Mengden, Baron von 188
Merkel, Garlieb 107, 193
Meyer, Johann Heinrich 189
Minkeldé, Karl 10
Mohr, Johann Caspar 109
Morgenstern, Karl 201-204
Moritz, Graf von Sachsen 35
Moritz von Brühl, Gräfin 19
Müller-Eschenbach, A. 33
Murat, Joachim König 195

Neumann, Wilhelm 129, 131, 151, 183
Nicolai, Friedrich 18, 20-22, 25, 27
Nolcken, von 117

Oechs, Dominikus 11
Oeser, 10
Oettinger, Friedrich von 9
Offenberg, Heinrich von 10, 16, 17
Osten-Sacken, Baron von der 36, 139

Pahlen, Graf von der 15, 36, 136-139
Parrot, Georg Friedrich 14, 15
Parthey, Daniel Friedrich 22, 25
Parthey, Gustav 22

Paul I. Zar 11, 15, 32
Perronnet, Jean Rudolphe 9
Pesne, Antoine 16, 22
Peter, Herzog von Kurland 17, 32
Pezold, August 11
Pezold, August Wilhelm 12
Pezold, Leopold von 205
Pfeiffer, Hermann 139
Pfenninger, Johann 189
Pflug, Robert A. 162
Piel, Konstanze 189
Pirang, Heinz 29, 30, 44, 106, 133, 138, 139, 143, 150
Plater-Sieberg, Graf von 151

Quarenghi, Giacomo 8, 41

Rahn, Kaspar 189
Ramler, Karl Wilhelm 27
Raphael 203, 204
Rastrelli, Franzesko Bartholomeo 8, 36, 56, 57
Reck, Jakob 44
Recke, Baron von der 145
Recke, Elisabeth von der 22
Rehfuß, Philipp Joseph von 191
Reimersen, Justus Wilhelm von 59
Reinberg, August 130, 131
Rennenkampf, von 117
Reutern, Gerhard von 12
Reynier, Leo 135-139
Riemann, Gottfried 191
Rink, Georg 79
Roessler, Wilhelm 152
Ropp, Max Alexander Baron von der 143
Rossi, Carlo 113, 172
Rousseau, Jean-Jacques 13

Sandrart, Joachim von 7
Sauerweid, Gottlob 11
Schabert, Ernst 11, 12
Schadow, Gottfried 10, 16, 21
Scheel, Heinrich Karl 162, 163, 167

Schick, Gottlieb 203, 204
Schiller, Friedrich von 11, 13, 14, 116, 167, 183, 185, 188
Schinkel, Karl Friedrich 10, 46, 166, 172, 191, 192, 194
Schirmeister, Jakob Christian 83
Schlater, Georg Friedrich 117, 200
Schlegel, F. 201
Schlichting, 12
Schlippenbach, Ulrich Heinrich Freiherr von 15
Schmaeling, Rudolf 174, 175
Schmidt von der Launitz, Eduard 10
Schmidt, Georg 85
Schmidt, Philipp 85
Schons, M. 56, 143
Schroeder, Georg Wilhelm von 195
Schröters, Viktor 163
Schultz, Friedrich 30, 40, 45
Schultz, Johann 108
Schultz-Bertram, Georg 106
Schultze-Naumburg, Paul 134, 135
Schütz, Christian Georg 189
Senff, Karl August 11, 12, 199
Siegel, F. 85, 88, 89
Sievers, Friedrich von 14
Siliņš, Jānis 29, 30
Stackelberg, Peter von 112
Stackelberg, Otto Magnus von 117
Stael, von 24, 25, 113
Steingötter 186
Steinmeyer, Gottfried 191
Stern, Friedrich Sigismund 200
Stollberg, Graf 191
Strauss, Emil Julius August 45
Sturm, Christian 74, 78
Sulzer, Johann Georg 27

Tiedemann, Paul 186
Tiedge, Christoph August 22
Tielemann, Gotthard 183, 196
Tiesenhausen, von Familie 113
Tiesenhausen, Gerhard Baron von 142
Tiesenhausen, Graf 9

Tischbein, Johann Heinrich 187
Transehe, von 146
Trezini, D. 67
Triscorni, Paolo 9

Uexküll, Gotthard Wilhelm Baron von 109
Uexküll, Hans Georg Baron von 109
Uexküll, von 109
Ungern-Sternberg, Karl von 10

Vanvitelli, Luigi 32
Velten, Georg Friedrich 112
Vietinghoff, Otto Hermann von 70
Vietinghoff-Scheel, Baron von 149
Vliet, Anna van der 162
Vogel, Leberecht 11

Wagner, Richard 166
Walter, Johann Heinrich 9, 110
Walther, Carl Sigismund 200
Wassiljew, N. F. 56, 63, 65, 83
Weizenberg, August 200, 207-209
Werner, Hans 152
Wilmanns, Gustav 206
Winckelmann, Johann Joachim 202
Wist, A. F. 63, 65, 66
Witte, Johann Eduard de 9
Wolff, Baron von 147, 149
Wulff, M. von 129

Zaklowsky, 9
Zöge von Laurenberg, Siegmund Gottlieb Leberecht 62, 66
Zehr *51*

Ortsregister

(Zahlen in *Kursiv* verweisen auf Abbildungen)

Ääsmäe, siehe Essemeggi
Aaspere, siehe Kattentack
Agunst 137
Ādazi, siehe Neuermühlen
Agrigent 192, 194
Arensburg 62, 66
Allasch 149
Allaži, siehe Allasch
Alt-Abgulden 33
Alt-Anzen 111
Alt-Autz 17
Alt-Bewershof 151
Altenburg 140
Alt-Fickel 109, 114, *120*
Alt-Kalzenau 150
Alt-Mocken 33
Alt-Schwanenburg 89
Alt-Voidoma 114
Alt-Werder 114, 115
Alūksne, siehe Marienburg
Apgunste, siehe Abgunst
Arroküll 113, 117
Aruküla, siehe Arroküll
Ass 111, 114, *122*
Aumeistari, siehe Serbigal
Avanduse, siehe Awandus
Awandus 117

Bacharach 11
Bahten 152
Basel 186
Bassae 118
Bāta, siehe Bahten
Bechhof 117
Berghof 141, *155*
Berlin 8, 13, 17, 18, 19, 21, 22, 24-27, 39, 45, 46, 107, 161, 166, 167, 172-174, 184, 185, 191, 206, 208

Bilska, siehe Bilskenhof
Bilskenhof 150
Blankenfeld 137
Blankenfelde, siehe Blankenfeld
Blieden 401

Braslava, siehe Breslau
Braunsberg 1847
Breslau 150, 184
Budapest 175
Buka, siehe Suddenbach

Catania 192
Carnikava, siehe Zarnikau
Caserta 32

Dahlen 60, 73
Daugapils, siehe Dünaburg
Daugavgrīva, siehe Dünamünde
Dittmannsdorf 9
Dole, siehe Dahlen
Dondangen 139, 143
Dorpat 8-11, 14, 27, 62, 66, 109, 110, 188, 198, 199, 201, 202
     206, 207
Dresden 11, 19, 22, 71, 107, 110, 185, 203
Drostenhof 90, *104*
Drusti, siehe Drostenhof
Dserwen 140
Dubna, siehe Dubno
Dubno 148, *158*
Dünaburg 129, 151, 166
Dünamünde 63, 65, 66
Dundaga, siehe Dondangen
Durben 40
Düsseldorf 8, 187
Dzelzava, siehe Selsau
Dzērbene, siehe Serben
Dzērve, siehe Dserwen

Ebelshof 142
Ēdole, siehe Edwahlen

Edwahlen 142
Eisleben 10
Elistvere, siehe Ellistfer
Elley 8, 17, 40, 41, 42
Ellister 110
Erfurt 10
Erlangen 186
Ervita, siehe Erwita
Erwita 112
Essemeggi 108
Essenhof 151
Euseküll 111, 114

Fechteln 88
Flensburg 10
Frankfurt 186
Friedrichsfelde 18, 21
Friedrichshof 108
Friedrichslust 9, 33, 34

Gavieze, siehe Gawesen
Gawesen 140
Genf 175
Girgenti 192, 194
Görlitz 10, 14, 188
Gostiņi, siehe Trentelberg
Gotha 161
Graubünden 190
Grobin 10
Groß-Autz 143
Groß-Eckau 139
Groß-Iwanden 143
Groß-Jungfernhof 150
Groß-Kechtigall 109
Groß-Köppo 114
Groß-Roop 144, 145, 150
Grünhof 32, 34, 35
Gulbene, siehe Alt-Schwanenburg

Hael 113
Haimre, siehe Heimar

Hamburg 9, 14, 170, 187
Heidelberg 186
Heimar 109
Heimtal 115
Heimtali, siehe Heimtal
Helme, siehe Helmet
Helmet 116, 117
Hildesheim 187
Hördel 113, *124*
Höreda, siehe Hoerdel

Ikšķile, siehe Üxküll
Ingliste, siehe Hael

Jageveste, siehe Bechhof
Järvakandi, siehe Jerwakant
Jaunance, siehe Neu-Autz
Jaunaduliena, siehe Neu-Adlehn
Jaunsvente, siehe Neu-Swenten
Jaupils, siehe Neuenburg
Jena 8, 40, 108, 183-186
Jensel 114
Jerwakant 113
Jusefow 129
Juzefova, Jusefow

Kaarma siehe Karmel
Kabbal 109
Käesalú, siehe Läsal
Kalnamuiža, siehe Berghof
Kalnamuiža, siehe Kalnemoise
Kalnemoise 147, 148, *157*
Kaltenborn 110, 115, *121*
Kaltenbrunn 108, 109, *119*
Kane-Triigi, siehe Kau
Kärevete, siehe Kerrafer
Karlsbad 22, 170
Karmel 117
Kassel 186
Kastell di Brolo 192
Katlakalns, siehe Steinholm

Kattentack 112
Katzdangen 9, 134-137
Kautzemünde 136
Kau 112
Kaucminde, siehe Kautzemünde
Kaue-Triigi, siehe Kau
Kazdauga, sieh Katzdangen
Keava, siehe Kedenpäh
Keblas 109
Keblaste, siehe Keblas
Kedenpäh 115
Kegel 117, 118
Keila, siehe Kegel
Kernu, siehe Kirna-Kohhat
Kerrafer 113
Kiddijerw 117
Kiel 110
Kiidjärve, siehe Kiddijerw
Kiltsi, siehe Ass
Kirna 112
Kirna-Kohhat 113
Klein-Ruhde 109
Kloten 187
Koeru-Aruküla, siehe Arroküll
Kolga, siehe Kolk
Kolk 112, 114, 115, *123*
Königsberg 184
Koo, siehe Wolmarshof
Koorküla, siehe Korküll
Korküll 117
Kosch 109
Kösen 134
Krape, siehe Kroppenhof
Kreutzburg 88, *103*
Kroppenhof 149
Krote, siehe Kroten
Kroten 140
Krustpils, siehe Kreutzburg
Kuivast 117
Kuivastu, siehe Kuivast
Kuremaa, siehe Jensel

Lachmes 114
Lahmuse, siehe Lachmes
Lappier 149, *159*
Läsal 108
Lasdohn 88
Laudohn 86
Laudona, siehe Laudohn
Lazdona, siehe Lasdohn
Leal 113
Lēdurga, siehe Loddiger
Leipzig 10, 11, 21, 22, 185, 202
Lemburg 147
Lennewarden 148, 149
Libau 140, 183, 184
Liela Muiža, siehe Essenhof
Lielance, siehe Groß-Autz
Lieliecava, siehe Groß Eckau
Lielivande, siehe Groß-Iwanden
Lielstraupe, siehe Groß-Roop
Lielumprava, siehe Groß-Jungfernhof
Lielvārde, siehe Lennewarden
Liepāja, siehe Libau
Liepupe, siehe Pernigel
Lievenbersen 33
Liezere, siehe Lösern
Lihula, siehe Leal
Liigvalla, siehe Löwenwolde
Linden 184
Lindenberg 142, *156*
Löbichau 22
Loddiger 58, 59, *93*
London 8
Lösern 74
Löwenwolde 110
Lübeck 188

Madliena, siehe Sissegal
Mäetaguse, siehe Mehntack
Majorenhof 150
Majori, siehe Majorenhof

Mālpils, siehe Lemburg
Mannheim 8, 183
Marienburg 71, 90, *95*
Marsala 192
Massau 113
Massu, siehe Massau
Mežotne, siehe Mesothen
Masungen 59
Mehntack 113
Memel 184
Mesothen 10, 17, 135
Messina 192
Mitau 8, 9, 11, 15, 17, 22, 29-46, *47, 48, 49, 50, 51*, 81, 184
Moskau 9, 53, 61, 79
München 8, 19, 208

Neapel 18, 32, 187, 191
Neu-Adlehn 150
Neu-Autz 143
Neuenburg 142, 145
Neuermühlen 59, 189
Neu-Riesenberg 112, 115, *126*
Neu-Swenten 151
Nidden 184
Norra, siehe Kaltenborn
Nurmhusen 39, 145
Nūrmuiža, siehe Nurmhusen

Ocht 108
Ohtu, siehe Ocht
Oisu, siehe Euseküll
Ordanga, siehe Ordangen
Ordangen 140
Orgishof 150
Orgita, siehe Rosenthal
Ozolū muiža, siehe Lappier

Päärdu, siehe Kosch
Pada, siehe Paddas
Paddas 115
Palermo 192

Pallazuola 196
Palms 114, 115
Palmse, siehe Palms
Palsmane, siehe Palzmar
Palzmar 86
Papendorf 89
Paris 129, 190
Pärnu, siehe Pernau
Pelci, siehe Pelzen
Pelzen 129
Pernau 62, 66
Pernigel 83
Pirgu, siehe Pirk
Pirk 113
Pommersfelden 186
Potsdam 18
Prag 135, 170, 186
Preedi, siehe Wredensitz
Puikeln 150
Puikule, siehe Puikeln
Putkas 113
Putkaste, siehe Putkas
Puurmani, siehe Talkhof

Raikküla, siehe Rayküll
Räpina, siehe Rappin
Rappin 114
Rayküll 113
Regensburg 186
Reschenhof 151
Reval 9, 10, 108, 109, 113, 183, 198
Reži, siehe Reschenhof
Riga 8-10, 14, 15, 53, 56-62, 65, 67, 69-71, 73, 75, 77, 79, 81, 83, *100-102*, 127-131, 142-144, 149, 151, 152, 161-163, 166, 167, 170, 173-175, *177-181*, 183-188, 195, *196*
Ringen 111
Rom 10-12, 18-21, 23, 41, 78, 107, 111, 116, 186, 187, 190, 191, 193, 195, 196, 203, 208
Römershof 150
Röngu, siehe Ringen
Roosna-Alliku, siehe Kaltenbrunn

Rosenthal 115
Rostock 110
Rubene, siehe Papendorf
Rudbahren 135, 136
Rudbarži, siehe Rudbahren
Ruhenthal 8
Rutikfer 111
Rutikvere, siehe Rutikfer

Saaleck 134, 135
Sack 113, *125*
Sagadi, siehe Saggad
Sagan 17, 21
Saggad 114
Saku, siehe Sack
Salisburg 146
Salzburg 170
Sargvere, siehe Sarkfer
Sarkfer 108
Sārnate, siehe Sernaten
Saue, siehe Friedrichshof
Schrunden 141
Schweidnitz 9
Segesta 192
Seidla, siehe Seydell
Seli, siehe Sellie
Sellie 115
Selsau 146, 148
Seltingshof 88, 90
Serben 90, 184, 189
Serbigal 89, 90
Sernaten 151
Seydell 108
Sissegal 73, 77
Skrīveri, siehe Römershof
Skrunda, siehe Schrunden
Spahren 75
Spāre, siehe Spahren
St. Petersburg 8, 9, 11, 40, 41, 53, 56, 63, 67, 70, 79-81, 112, 113, 128,
    130, 161-163, 165-169, 172, 173, 175, 176, 200, 208
Stalgen 33, 35

Steinholm 78, 79, *98, 99*
Straßburg 186
Strocken 140
Stroki, siehe Strocken
Stuttgart 14
Suddenbach 151
Suntaži, siehe Sunzel
Sunzel 73, 77, 189
Sussikas 85
Sutlema, siehe Sutlep
Sutlep 214
Suure-Köpu, siehe Groß-Köppo
Suure-Lähtru, siehe Groß-Kechtigall
Swethof 32
Syrakus 192

Taheva, siehe Taiwola
Taiwola 129, 131, *154*
Talkhof 114
Tapa, siehe Taps
Taps 112
Tartu, siehe Dorpat
Tarvasta, siehe Tarwast
Tarwast 117
Taurup 150
Taurupe, siehe Taurup
Tels-Paddern 38, 39
Tinūži, siehe Lindenberg
Tirsen 89, 150
Tirza, siehe Tirsen
Torma 114
Trentelberg 87
Tübingen 191

Uddrich 113
Udriku, siehe Uddrich
Urga, siehe Origshof
Uue-Riisipere, siehe Neu-Riesenberg
Üxküll 144, 147

Vadakste, siehe Waddax

Väike-Roude, siehe Klein-Ruhde
Väimela, siehe Waimel
Vainode, siehe Wainoden
Valga, siehe Walk
Valtenberġi, siehe Salisburg
Valtu, siehe Waldau
Vana-Antsla, siehe Alt-Anzen
Vana-Vigala, siehe Alt-Fickel
Vana-Virtsu, siehe Alt-Werder
Vana-Voidu, siehe Alt Voidoma
Vangaži, siehe Wangasch
Varrangu, siehe Warrang
Vatla, siehe Wattel
Vecbebri, siehe Alt-Bewershof
Veckalsnava, siehe Alt-Kalzenau
Vecmuiza, siehe Sussikas
Vecpils, siehe Altenburg
Vergale, siehe Virginahlen
Vietalva, siehe Fechteln
Viksele, siehe Wiexeln
Virginahlen 143
Vormsāti, sieheWormsahten
Vöru, siehe Werro

Waddax 137
Waimel 111
Wainoden 151, 152
Waldau 113
Walk 9, 74, 77, *97*
Wangasch 88
Warrang 110
Wattel 114
Weimar 187, 189
Werro 73, 77
Wiesbaden 170
Wiexeln 138
Windau 9
Wittstock 83
Wolmarshof 111
Wormsahten 146
Wredensitz 110

Würzau 32, 33, 34, 35

Zarnikau 144, 147, 151
Zeltiņi, siehe Seltingshof
Zirau 39
Zürich 18, 170, 186, 187, 190

Autorenverzeichnis

Dr. Dainis Bruģis
Birzu iela 10-14
LV 3901 Bauska
Tel: 00371 - 3920924
Fax. 00371 - 3923793
E-mail: dainisbrugis@inbox.lv

Prof. Dr. Dieter Dolgner
Anemonenweg 4
06118 Halle (Saale)
Tel: 0345 - 5322890

Dr. Ants Hein
Ajaloo Instituut
Kunstiajaloo osakond
Rüttli 6
EE- 10130 Tallinn
Tel: 00372 - 6464091
E-mail: AntsHein@mail.ee

Juta Keevallik
Tartu Ülikool
Ajaloo osakond
kunstiajaloo oppetool
Lossi 3
EE 51003 Tartu
Tel: 00372 - 7375655
E-mail: juta.keevallik@ut.ee

Dr. Imants Lancmanis
Zemgali - 6
Rundāles pagasts
LV 3921 Bauskas raj.
Tel: 00371 - 3962272
Fax: 00371 - 3922274
E-mail: lancmanis.rpm@eila.lv

Prof. Dr. Ojārs Spārītis
Jasmuižas 2 - 18
LV 1221 Riga
Tel: 00371 - 7044301
Fax: 00371 - 7044312
E-mail: melngalv@rcc.lv

Schriftenreihe BALTISCHE SEMINARE
der Carl-Schirren-Gesellschaft e.V.

Band 1: **Karl Heinz Borck** (Hrsg.): *Die Bibelübersetzung und ihr Einfluss auf die estnische Kulturgeschichte.* Lüneburg 1996, 141 S.,(ISBN: 3-923149-27-1)

Band 2: **Claus von Aderkas** (Hrsg.): *300 Jahre lettische Bibelübersetzung durch Ernst Glück und ihr Einfluss auf die lettische Kulturgeschichte.* Lüneburg 2001, 136 S., (ISBN: 3-923149-29-8 bzw. 3-932267-31-1)

Band 3: **Günter Krüger** (Hrsg.): *Klassizismus im Baltikum.* Lüneburg 2008, 232 S., (ISBN: 978-3-923149-37-7)

Band 4: **Uwe Albrecht** (Hrsg.): *Gotik im Baltikum.* Lüneburg 2004, 276 S., (ISBN: 978-3-923149-38-4)

Band 5: **Michael Garleff** (Hrsg.): *Literaturbeziehungen zwischen Deutschbalten, Esten und Letten.* Lüneburg 2007, 236 S., (ISBN: 978-3-923149-39-1)

Band 6: **Claudia Anette Meier** (Hrsg.): *Sakrale Kunst im Baltikum.* Lüneburg 2008, 256 S., (ISBN: 978-3-923149-40-7)

Band 7: **Heinrich Wittram** (Hrsg.): *Baltische Gutshöfe. Leben - Kultur - Wirtschaft.* Lüneburg 2006, 324 S., (ISBN: 978-3-923149-41-4)

Band 8: **Detlef Kühn** (Hrsg.): *Schulwesen im Baltikum.* Lüneburg 2005, 220 S., (ISBN: 978-3-923149-42-1)

Band 9: **Gisela Reineking-von Bock** (Hrsg.): *Künstler und Kunstausstellungen im Baltikum im 19. Jahrhundert.* Lüneburg 2007, (ISBN: 978-3-923149-43-8)

Band 10: **Norbert Angermann** (Hrsg.): *Städtisches Leben zur Zeit der Hanse im Baltikum.* Lüneburg 2003, 290 S., (ISBN: 978-3-923149-44-5)

Band 11: **Heinrich Wittram** (Hrsg.): *Der ethnische Wandel im Baltikum zwischen 1850 und 1950.* Lüneburg 2005, 236 S., (ISBN: 978-3-923149-45-2)

Band 12: **Otto Heinrich Elias** (Hrsg.): *Zwischen Aufklärung und Baltischem Biedermeier.* Lüneburg 2007, 364 S.,(ISBN: 978-3-923149-46-9)

Band 13: **Jörg Hackmann** (Hrsg.): *Korporative und freiwillige Assoziationen in den baltischen Ländern.* Lüneburg (in Vorbereitung, ISBN: 978-3-923149-47-6)

Band 14: **Detlef Henning** (Hrsg.): *Nationale und ethnische Konflikte in Estland und Lettland während der Zwischenkriegszeit.* Lüneburg (in Vorbereitung, ISBN: 978-3-923149-50-6)

Band 15: **Yvonne Luven** (Hrsg.): *Das nationale Erwachen ab dem 19. Jahrhundert im Baltikum.* Lüneburg (in Vorbereitung, ISBN: 978-3-923149-52-0)

Band 16: **Jürgen Heyde** (Hrsg.): *Das Leben auf dem Lande im Baltikum* Lüneburg (in Vorbereitung, ISBN: 978-3-923149-56-8)

Carl-Schirren-Gesellschaft e.V., Am Berge 35, D-21335 Lüneburg
Tel.: (04131)36788, Fax: (04131)33453

www.ingramcontent.com/pod-product-compliance
Lightning Source LLC
Chambersburg PA
CBHW060030180426
43196CB00044B/2095